Библиографическая информация Немецкой Национальной Библиотеки

Немецкая национальная библиотека вносит эту публикацию в список немецкой национальной библиографии;
Подробные библиографические данные можно найти в Интернете по адресу http://dnb.dnb.de

2 издание
© 2017 Хондо Шамандо
Набор, дизайн обложки, изготовление и издательство:
BoD – Books on Demand
ISBN 978-3-7431-5806-1

Aktuelle Auflage: © 2020 Hartmut Schadow
Verlag und Druck: tredition GmbH, Halenreie 40-44, 22359 Hamburg
978-3-7497-0251-0 (Paperback)
978-3-7497-0252-7 (Hardcover)
978-3-7497-0253-4 (e-Book)

ХАРТМУТ ШАДОВ

капитан дальнего плаванья

инженер

водолаз

Мореплаватель на Пути Святого Иакова

Перевод с немецкого Веры Менис

Несколько предисловий

К тому, чтобы пройти Путь Святого Иакова, я был готов уже давно. Собственно говоря, я не ждал от этого ничего особенного, однако во мне жила тяга к неизведанному, мне хотелось перемен. Хотелось пройти этот Путь из духовных, философских и даже спортивных соображений. Ну, что-то вроде жизненной установки. Наверняка в дороге могли возникнуть и другие вещи, привлекшие моё внимание. В общем, отправляясь в дальнее странствие, каждый человек берёт с собой себя.

Мне также хотелось бы узнать, сколь сильно Путь Святого Иакова повлияет на меня. Ну да, просто так это не дастся. Этот Путь – нечто большее, чем просто путь, и я настраиваюсь на него. Кроме того, мне бы хотелось, насколько это позволят духовные постулаты, принести оттуда моим детям немного крупных камней. Никакой обычный, смертный человек не приходит в сей мир как Святой. Каждый в определённой степени несовершенен, каждому на это даётся право, и поэтому любой вердикт может быть лишь относительным. «Кармический Совет» будет судить об этом глазами Творца. Позже я расскажу про это подробнее.

Где-то там впереди должен быть Железный Крест. Кто хочет и у кого есть заговоренный камень, может оставить его на этом месте, и таким образом освободиться от тяжелой душевной ноши. Не думаю, что «духовный мир» любому сразу же простит всякий вздор. Но каждый, кто придёт к этому кресту с каким-то прозрением, в некоторой степени может расчитывать на прощение и облегчение. Наша совесть наполнена знанием, и оно по своей природе очень изворотливое, ибо то и дело заявляет о себе. Тем не менее некоторые обитатели Земного шара находятся в постоянном поиске своей совести. Но, в конце концов, каждый сам несёт за это ответственность. Кто многое понимает, – тот и прощает многое. Это тоже относится и к «духовному миру». К тому же для людей разумных речь идёт о возможности исправления некоего недостатка, несправедливости. Позже я рассмотрю это детальнее.

Я слыхал, что многие паломники непременно хотят что-то исправить. Для нашего существования и добрых свершений нам необходима свобода – дорога поиска внутренней отчизны, места, где без предписаний и страха мы можем встретиться с самим собой, будто мы здесь находимся отродясь. Если же мы стремимся быть тем, кем в действительности, по сути, не являемся, тогда – мы уже не свободны. Независимость от мнения или благосклонности других – это тоже свобода. Для каждой личности плодотворна возможность добровольного развития, развития в соответствии с собственными желаниями, а не по чьему-либо предписанию.

◆ **Многие люди неосмотрительно берут на себя Неведомое и неосмотрительно его отвергают.**

Мне бы также хотелось осветить связь между видимым и невидимым миром, и пусть своё слово скажут естествоиспытатель и духовный целитель. Завершат картину мира мои собственные расследования и переживания. Во всяком случае, на собственном опыте испытанные сообщения из другого, но тем не менее принадлежащего нам знакомого мира, изменили мой взгляд на вещи. Нам следует не сомневаться в том, что за всеми зримыми для нас формами стоят созидающие силы. И всегда слабые силы направляют более грубые.

Эта книга должна быть чем-то большим, чем путевые заметки с приключениями. Она должна помочь осветить и высказать дорогие моему сердцу мысли. Откуда мы пришли, куда идём, кто мы такие – это хотят знать многие. При этом, часто размышляя над тем, что ждёт их после смерти, люди не спрашивают, где же они были до прихода на этот свет. Имеет ли жизнь на Земле какой-нибудь смысл? Стоит ли стараться быть хорошим человеком? Заложено ли плохое, как и хорошее, в самом человеке? Можем ли, должны ли мы всё-таки побороть в себе плохое? По сей день история человечества полна насилия и издевательств. Я имею в виду насилие по отношению к людям и так же по отношению к нашим братьям меньшим, к животным. Это ужасно! Необходимо принять во внимание, что в законодательстве и в обхождении с так называемыми сельскохозяйственными животными по сравнению с домашними животными – большие противоречия.

Действительно ли люди делятся на друзей и врагов? Не стоит ли за этим причинно-следственная связь? С приближением старости у многих возникает желание исправить то, что было в жизни испорчено. В общем, увидеть в старости не только тяжкое бремя, но ещё и шанс. Когда тело постепенно сморщивается, душа может расцвести и, прямо как озаряющее Землю Солнце, засиять в людских сердцах. Таким образом мне хотелось бы подбодрить пожилых людей и заманить их на Путь Святого Иакова. Buen Camino!

Люди не должны вести себя определённым образом, но они запрограммированы на определённый тип поведения. Люди были, есть и ещё долго будут оставаться такими. Сделаем же это как можно лучше.

◈ **Вы подчинили себе Землю, но это не значит, что, заблуждаясь, вы в праве её погубить.**

Ах, пока что я только собираюсь совершить паломничество! Так что, до скорого!

Все выделенные высказывания без подписи принадлежат автору.

Мой Путь Святого Иакова

Ну, с Богом! Где же он, мой Путь Святого Иакова? Больше, нежели просто путь? Кто хотел бы взглянуть на жизнь с некоторого расстояния, тот должен пройти этот Путь. И сделать это почти никогда не поздно. Надо только выйти. Как любой особенный путь, этот тоже зарождается в голове. Поначалу появляется некая идея, однако у меня эта идея уже далеко позади. А теперь... теперь я хочу осуществить её, и мой рюкзак уже уложен.

Осознай, где ты находишься, и куда стремишься. Составь план, и – вперёд! И будь готов к любым неожиданностям. Впереди – познание и озарение! Да, и весьма кстати ве-сёлая песенка на устах.

Итак, с морского пути, как говорит один мореплаватель, рвануть прямо на Путь Святого Иакова. Посмотрим-ка, действительно ли эта дорога является целью. Дорога – цель? А если что-то пойдёт не так, – пожалуй, поможет лестница Иакова. Каждый моряк при этом знает, что речь идёт о верёвочной лестнице, которая служит таким це-лям как преодоление высоты или глубины. К примеру, карабкаться вверх или спускаться вниз вдоль борта суд-на. Наверняка, св. Иакову это известно. Теперь это знают и паломники. Но лестница Иакова тоже будет описана как своего рода связь между небом и землёй, на которой пока что я остаюсь.

Не связано ли человеческое счастье с обоснованием своей цели? Хочу до этого докопаться. Короче говоря, 06. 10. 2011 в 5 часов утра в Гамбурге я сажусь в автобус и еду во Францию, в Байон. Цель: жилище → центральная автостанция → Байон → Сен-Жан-Пье-де-Пор → прямиком к алтарю Собора Святого Иакова. Сюда же относятся множество маленьких мест с турбазами и кафе-барами. Сейчас исхожу из этого. Но затем наступит истинное настоящее, окруженное со всех сторон прошлым и будущим. У меня уже есть такое чёткое предчувствие и оно вполне реально.

◈ **Многое ещё не доказано, но оправдано ожидаемо.**

◈ **Вчера и Завтра скрываются в Сегодня.**

«До сотворения мира
не было ни Времени, ни Давности»
Спиноза

07. 10. 2011 в 4 часа утра я стою на кольцевой развязке в Байоне. Темно, промозгло, холодно. Теперь мне надо ещё найти центральный вокзал. Из организаторских соображений водителю автобуса не положено там останавливаться. Находясь в автобусе, я не увидел ни одной звезды и, взглянув на небо, тоже не увидел ничего яркого. Но как-то раз я уже бывал в Байоне, и какой-то странный, радостный трепет пробежал у меня по спине. Дорогу осилит идущий.

Ля-ля-ля.... напевая, ко мне подходят трое подростков (две девочки и мальчик) и спрашивают сигарету. «No fumare» – говорю я, и это воспринимается вполне дружелюбно. Они немного повеселились на близлежащей дискотеке. Мило, радостно. Пошли дальше. На одном указателе я читаю «вокзал», а затем и названия других направлений. После получасовой ходьбы навстречу мне снова движется небольшая молодёжная группа. Такие же милые, весёлые, добродушные. От этого по-настоящему становится хорошо, и бодрит лучше чашки кофе. Хотя его сейчас я бы тоже с удовольствием выпил. Спросив по-английски, как пройти на вокзал, я немедленно был взят под руку какой-то девушкой, и путешествие началось.

– Мы приведём тебя туда, – говорит по-английски прелестная малышка или маленькая прелесть.

И всё же жизнь доставляет истинное удовольствие. Постепенно развивается оживлённая беседа; английский, испанский, французский, немецкий – все понемногу, но главное – радостно. Я узнаю, что эти девочки и мальчики, поспав оставшиеся им три часа, должны идти в школу. Ну да, у них будет трудный день. У меня, очевидно, тоже. Добираемся до вокзала. Там всё закрыто. Следует тёплое прощание с девочками – прикосновение щёк справа и слева, by, by. Как уже говорилось, впереди – нелёгкий день.

Шатаясь туда-сюда, наталкиваюсь на съёжившуюся на корточках фигуру, подле которой валяется рюкзак.

– Ты только скажи, ты тоже хочешь пройти Путь Святого Иакова?

– Да, – отвечает притаившаяся там Клаудиа из Берлина. И мы тут же рассказываем друг другу массу всего. О питании, здоровом образе жизни, духе паломничества и вообще о жизни. Потом становится поспокойнее. Верх берёт усталость, и это понятно – 24 часа езды в автобусе да ещё подготовка. Ведь перед отбытием пришлось довольно долго повозиться. Мы единодушно сходимся в том, что такая длинная поездка – очень, очень утомительное дело. Появляются ещё пару паломников из Германии. Да, все намереваются пройти Путь Святого Иакова. Оказавшись среди явных единомышленников, я испытываю какое-то возвышенное чувство. Стрелки часов показывают 6:00. Наконец двери открываются, можно свободно пройти к кофейным автоматам, и мы позволяем себе этот живительный напиток. Примерно за 10 евро в автомате же я покупаю билет. В 8:18 начинается поездка из Байона в Сен-Жан-Пье-де-Пор. Это какие-то жалкие 55 км, для которых в этот день снова используется автобус. Похоже на небольшую экскурсию через красивый горный ландшафт. Великолепные впечатления, и усталость уступает им место. Глаза и уши впитывают красоту. Появляются мысли. Они сменяют друг друга, объединяются, упорядочиваются, и так всё время. Душа находит для себя пищу.

◈ Мысль является репродукцией
чувственного восприятия.
Из этого возникают ментальные образы.
Затем мышление упорядочивает эти образы.
И благодаря непрерывности обратной связи
возрастают наши знания.

И мне представляется, как с рюкзаком за спиной и собственными мускулами очень скоро я должен буду осилить эти перепады высот, потому что я этого хочу. И снова и снова: мысли – образы – размышления. Этот процесс просто так не остановить. Такое возможно только во время глубокой медитации, но мне бы не хотелось сейчас вдаваться в эти подробности. Тема «Медитации» нуждается в отдельной, в собственной главе.

Примерно через час езды – финиш. Все выходят из автобуса. В Сен-Жан-Пье-де-Пор я с любопытством брожу по старым узким переулкам и неожиданно оказываюсь стоящим возле небольшого бюро паломников. Здесь уже царит оживлённая сутолока. Одни в него заходят, другие выходят. Все веселы, радостны. Прелесть. Да, жизнь полна удовольствий! Я делаю большой, глубокий вдох и, ощутив его послевкусие, вхожу в бюро.

И что мешает людям всегда быть весёлыми и радостными? Каждый сам однажды должен ответить себе на этот вопрос, в первую очередь, тщательно рассмотрев себя изнутри. Мне кое-что ещё приходит в голову, но об этом – позже.

Далее – обычное дело – регистрация, удостоверение личности паломника, список мест для ночлега и всяческие полезные советы. Говорят в бюро на французском, испанском, английском и немного даже на немецком. Я нахожу небольшую турбазу, 15 евро за ночь, включая завтрак. Завтрак? Вот так подфартило: я совершенно один в пятиместной комнате!

То есть, вокруг меня – никакого чужого храпа. Его раздобыла для меня Стефания из Швейцарии. Она здесь застряла. Каким-то образом её поймал владелец этой турбазы, а она, по всей видимости, была рада быть пойманной. Да, это тоже как-то связано с Путём Святого Иакова. Теперь, в течение уже трёх недель, она помогает выполнять всю текущую работу. Удачи на жизненном пути! А меня ждёт Путь Святого Иакова. Одни – остаются, другие – идут дальше. Да, меня очень сильно гонит ветер жизни. Человек какими угодно способами ищет счастья, вообще-то точно не зная, что это такое.

После обеда – долгий, глубокий и крепкий сон. Таким образом, после примерно трёх часов сна, жизненная энергия в клетках настолько восстановилась, что это подталкивает меня к действиям. И начинается обзорная прогулка. Здесь – лёгкий перекус и пиво, и вот сопровождаемый постоянным подспудным ожиданием перемен ты пробираешься через наполненное паломниками местечко. У меня возникает желание ещё немного в нём задержаться. Просто, чтоб избежать суеты. Тогда вечер можно провести в жизнерадостном обществе. Там, в баре, стоит и рассказывает о своей жизни Штефан из Шотландии. Он со своей семьёй уже пять лет в СенЖан-Пье-де-Пор и как раз строит свой дом. Штефан – специалист по обработке электронных данных, он бредит этим краем и не хочет отсюда уезжать. Собирается когда-нибудь пройти Путь Святого Иакова.

Время идёт вперёд, и около 22:00 в кафе заходит группа басков. Шумные, весёлые, в по-настоящему праздничном настроении. Всё понятно! Одной красивой девушке очень скоро стукнет 26 лет. Я оказываюсь в центре происходящего и пою имениннице одну немецкую песню ко дню рождения. Вдруг становится очень тихо, потом ввиду оглушительных аплодисментов – снова очень громко. Немецкая песня имеет успех. Мой бокал всё время наполняется шампанским, об этом беспокоится сама именинница. Вот такие дела, а сейчас от всех гостей ещё раз «Happy Birthday to you» и так далее и так замечательно.

2 часа ночи, вечеринка заканчивается. Ну да, уже достаточно. В конце концов мне предстоит напряженный поход. Все кафе закрываются, и в городе становится всё тише и тише.

◈   Хорош человек и плох человек,

Нередко он в праздности тянет свой век.

Но чувствует вдруг, что не может так жить,

Что должен он ближним себя посвятить.

И ранней порой, и вечерней порой

Он учит молитву, он ищет покой.

Совершенно спонтанно это пришло мне в голову сегодняшним утром. От этого похода я ожидаю ещё множество озарений. Осторожно! Что для одного – озарение, для другого – скверный анекдот. У адресата всегда есть возможность интерпретировать. Да, таков он, этот двойственный мир. Если бы всё было зелёным, мы бы не смогли распознать зелёный цвет.

09.10.2011 Дорога на Ориссон
(примерно 8 км.)

В 7 утра будильник возвращает меня из моих сновидений.

◈   Вмиг проснувшись, осенить себя крестом,

и затем с задором – вверх прыжком.

Я рад, что, находясь в этом мире, осведомлён о себе. Хорошее, здоровое чувство. Это, собственно, и есть самосознание. Человек сам знает, что он живёт. Никто не должен это подтверждать.

Помыться, почистить зубы и – вниз, за накрытый к завтраку стол. Здесь уже добродушно и оживлённо общается сплошь интернациональная компания. Типично французский завтрак. На углу напротив имеется небольшой магазин. В нём я нахожу свой ржаной хлеб. В конце концов, мне ведь нужен какой-никакой источник энергии. Остальную часть постепенно могу пополнить за счёт живота и тазобедренной области. Там за последнее время скопилось много потенциальной энергии, и теперь ради хорошего дела её можно превратить в кинетическую.

В 09:30 – начало маршрута. Мой взор направлен вверх. Ох, до чего ж крутой подъём! Где ты, выносливость? Надеюсь, что шаг за шагом и она возрастёт. Время до следующего привала сокращается, а время самого привала увеличивается. И вот, наконец, на повороте – турбаза Ориссон. Какой же это светлый момент, какая радость! Я одолел первый отрезок пути, а он одолел меня. Собственный избыточный вес плюс рюкзак (12 кг.) всё же сильно подтачивают силы. Ах, если бы я раньше достаточно тренировался! Запоздалое осознание... Я полностью ощущаю своё тело: множество мускулов, сухожилий и связок – ой-ой-ой! В общем, это что-то эволюционирующее.

◈ **Хочу полагаться на мужество и доверие.**

◈ Чем позже ты придёшь к пониманию,
   тем дальше на корме парусника тебя занесёт в море,
   тем больше тебе вновь придётся отыгрываться.

Дабы выразиться на морской манер.
Только начало второй половины дня, но с меня уже хватит. До следующей турбазы ковылять ещё 18 км. Моё тело говорит, что ему лучше остаться здесь. ОК!

«Прислушайся к своему телу.
Оно умнее, чем ты думаешь»
Финляндия

Турбаза предлагает постель, ужин, завтрак и пятиминутный чип в душевую за 31 евро или попросту дорого. Но у меня нет выбора, я плачУ. Душ, свежая одежда и шмыг в постель. Эти три дела сейчас самые главные. И словно в глубокой трансцендентальной медитации, во мне распространяется чувство непритязательности и благодарности. Потом примерно в 7 вечера – ужин в приятном, весёлом обществе. Все паломники немного отдохнули и теперь могут направить своё внимание на кулинарные изыски. А кто или что направляется сюда? Рядом со мной садятся отец и дочь, и что-то рассказывают о своей жизни.

Ах, чёрт! На 31 евро я никак не рассчитывал. Теперь у меня пустой кошелёк, а в этой местности – ни одного банкомата. И опять совсем незнакомое мне чувство – быть в этом мире без цента в кармане. Некто Дэвид, американец, заметив моё положение, как что-то само собой разумеющееся, даёт мне 40 евро. Просто так, как сделал бы и я. Да, в определённой ситуации я поступаю так же. Иногда получаю деньги обратно, иногда – нет. Повезёт – не повезёт.

22:00. Свет выключается, приходит время для храп-концерта. Я лежу в комнате с четырьмя кроватями и погружаюсь в крепкий, глубокий, спокойный сон.

10.10. 2011 Дорога на Ронсесвайес

(примерно 18 км)

7:00, и это снова значит:

❖ **Вмиг проснувшись, осенить себя крестом,
и затем с задором – вверх прыжком.**

Завтрак опять-таки не назовёшь энергоснабжающим. Ну, да, я могу наполнить бутылку из-под воды, а остальное доставит уже оскудевшая жировая прослойка. При следующем удобном случае на всякий пожарный куплю себе мультивитамины и через день буду принимать во время еды. Я называю это превентивными мерами предосторожности. С большим количеством калорий добиться малого или с малым количеством – многого. Что же лучше для здоровья? Понаблюдаю.

◆ **Здоровье – это динамический процесс между атаками и обороной. Ослабьте атаку и усильте оборону!**

В 8:00 с изнывающими от боли конечностями я покидаю турбазу. При каждом шаге – «ой!». Однако я не в обиде и надеюсь, что рано или поздно боль притихнет. И правда – где-то через 20 минут она проходит. Человек – сложная конструкция, и сначала ему надобно размяться, а не выходить сразу на финишную прямую. Очень полезный опыт. Это сходу хорошо действует на характер, из чего потом появляется сильный жизненный настрой. Блуждая вот так сквозь недра природы, я вовсе не гляжу на часы. Струится и действует дофамин. Как же прекрасно это единение с природой! Это свобода! Это спокойствие! И таким образом, Путь Святого Иакова – это часть каждодневного существования. Иногда счастье означает просто выживание: немного утолить голод, тёплый душ, постель и отдых. К счастью, счастье есть. И оно тоже имеет какое-то отношение к непритязательности, скромности и духовной дисциплине. Счастье, выигранное в лотерею, – это нечто совсем, совсем другое.

◆ Часто и простые вещи делают нам жизнь полегче.

◆ Я чувствую себя частью всех существующих жизненных основ.

Есть люди, называющие эти основы Богом. Это и мой взгляд тоже. Ведь то, что возникает в человеческом представлении, не обязательно должно быть осязаемым. В другом месте я ещё к этому вернусь.

◆ Мы часто переоцениваем или недооцениваем то, что не понимаем.

Снова обессиленным я пришёл на турбазу примерно в 16:00. Передо мной посреди живой природы – большой, старый монастырь, перестроенный для паломников. Руководят монастырём какие-то голландцы. Мне в голову приходит много голландских фраз, и это тоже способствует весёлому расположению духа. Повстречавшиеся мне отец и дочь как-то несказанно рады. Дочурка хочет прямо повиснуть на мне. А почему нет? Снова эти невидимые тормоза! Приличие или что-то в этом роде. Я бы радушно отнёсся к такому объятию. Наверное, мои проявления чересчур безличны. Во всяком случае она сдерживает свой порыв. Да, в общем всё сворачивается к обычному обмену репликами. При следующей встрече буду держать свои руки более открытыми и посылать более чёткие сигналы. Но я ведь тоже очень устал. Появляются ещё многие знакомые лица, которые, несмотря на испытания, выглядят довольными. Разве это не восхитительно?

И снова регистрация. На сей раз спальное место и тёплый душ стоят мне 10 евро. Затем, поразмыслив, я делаю ещё один небольшой круг по Ронсесвайесу – довольно крошечному, но значительному местечку, где творил Эрнест Хемингуэй. Вечером с другими паломниками я сижу в ресторане и заказываю себе так называемое меню пилигримов. Предлагается скумбрия с салатом, картофель и вино за 9 евро. Хорошее вино. Кто хочет, разумеется, может воспользоваться турбазовской кухней и наколдовать себе что-нибудь сам. Одни – так, другие – этак. По французским и испанским меркам меню за 9 евро очень выгодно. А меню пилигримов – это маленькая порция за те же 9-10 евро.

Время приближается к 22:00, и кто не хотел бы провести ночь в лесу, должен вовремя оказаться по эту сторону двери. В 22:00 всё заканчивается, и довольно быстро наступает ночной покой.

11. 10. 2011 Дорога на Зубири

(примерно 22 км.)

В 7 утра где-то в отдалении раздаётся тихая музыка.

◈ **Вмиг проснувшись, осенить себя крестом,
и затем с задором – вверх прыжком.**

Теперь я неизменно каждое утро пользуюсь этой самопомощью. Мне от этого хорошо. А что помогает встать рано мне, возможно, поможет и другим. После напряженного похода человеку свойственно желание подольше поспать. Итак, никакого завтрака, бутылка с водой, и марш на природу. Дэвид даёт мне свою палку для ходьбы. Он купил себе две. Вообще-то я не хотел пользоваться вспомогательным средством, но теперь постараюсь выяснить, что такая помощь может дать. Ну, я ведь любопытный. Немного философствуя, часть пути мы с Дэвидом идём вместе. Примерно через два километра нам попадается банкомат. Ну вот, 40 евро перешли в другой кошелёк, и у меня снова нет долгов. И боли тоже нет. Так что я даю установку «полный вперёд» по моему Пути Святого Иакова! Этот Путь здесь для всех, но только для меня он совсем особенный. Спустя два часа, – естественно – снова боль, и всё же я заставляю себя сохранять скорость. В 15 часов вхожу в Зубири. Я чрезвычайно доволен тем, что могу снять рюкзак. Признаюсь, он слишком тяжёлый. Вывод: чем меньше багаж, тем легче путешествие. Ну да, эту мудрость, пожалуй, знает почти каждый. Но только знать, ведь недостаточно. Дилемма – или-или?

◆ Вся наша жизнь, как ни мудри, – дорога.
  Шагай по ней, не опуская взгляд.
  Да-да, порою слишком узкая дорога,
  И мы идём, но каждый на свой лад.

◆ Вы словно молитесь, паломники, ногами.
  Могу лишь поклониться, восхитившись вами.

Снова вижу знакомые и также незнакомые лица, а ещё в очень спокойном месте я получаю огромное удовольствие от общения с одной многодетной испанской семьёй.

Tres palabras nuevas (три новых слова)

12.10.2011 Дорога на Памплону
(примерно 19,5 км.)

Привычный уже утренний ритуал и – вперёд! Снова на природу. Взгляд направлен то вверх, то вниз, в полном соответствии с ландшафтом. То кашель, то кряхтение, то сопение, то ойканье. Едва взберёшься на гору, как тебя уже манит долина – ох, какие мучения! И снова при каждом шаге я познаю свою анатомию. Бутылка с водой уже почти пустая, и я добрался до потрясающего города Памплона.

И вновь совершенно обессиленный я нахожу турбазу «Иисус и Мария». Она большая и просторная, примерно на 114 спальных мест. Меня тянет принять горизонтальное положение, и очень скоро тело призывает к себе сон. Вечером, бродя по переулкам, я дохожу до центра сильно впечатлившего меня города. Немного пива и лёгкая закуска здесь, потом немного пива и лёгкая закуска там. Сегодня большой праздник, все на ногах, и я – в самом центре испанской жизни. На очень многолюдной улице мне пересекают дорогу или я пересекаю дорогу отцу с дочерью. На этот раз, совершенно спонтанно обнявшись, мы с дочерью сердечно приветствуем друг друга. Мужчины обмениваются крепким рукопожатием. Эти два шваба ограниченны во времени, и следуют только до Бургуса. Вообще-то жаль!

Я снова попадаю в людскую толпу и неожиданно оказываюсь окружен испанской семьёй. Tres palabras nuevas (три новых слова). Отец, мать, бабушка, три дочери и один сын. Ах, и вновь становится весело. Немного испанского, немного английского и немецкого... Порой не хватает слов для того, чтобы выразить, какое впечатление на меня производят люди. Внимание! В 23:00 закрываются ворота.

13. 10. 2011 Дорога на Зарикеги

(примерно 12 км.)

7 часов утра. Снова время вставать. Ой-ой! В 8:00 – уходим. Болят мышцы верхней части спины. За ночь они не пришли в себя. Короче говоря, нет никакой уверенности, что в пути я буду чувствовать себя сносно. Принимаю решение и остаюсь. Здесь стоит всего несколько домов, и кругом необыкновенная тишина. Итак, намечаю себе доделать письменную работу и немного почитать. Хозяйка отводит меня в восьмиместную комнату, в которой я буду один. Ещё двое паломников разместились в другой комнате. Путешествовать одному – это, безусловно, плюс.

◆ **Собственный путь возникает во время собственной ходьбы и принятия решений.**

Приятное отступление для сортировки мыслей и чувств. Существуют важные вещи, от которых можно отказаться. Я просто попробую. Короче говоря, кто переносит тишину, тот остаётся один. А хозяйка радуется небольшому обществу. Она управляет турбазой по собственному сценарию и берёт 10 евро за ночь. Кто хочет, платит ещё 11 евро за меню для пилигримов. Да, я хочу. Ведь в этом невероятно маленьком месте нет никакой альтернативы. В цену включено также и приятное общение.

14.10.2011 Дорога на Пуэнте-ла-Рэйна

(примерно 13 км.)

До 8 утра эту турбазу никто не должен покидать. Таким образом я без спешки стартую в 9:00 с уже привычными болями, но с бодростью в каждой клеточке. Дофамин, ох, дофамин! Я один, но не одинок. Я иду своим путём в унисон с природой. Во мне какое-то счастливое ощущение, которое я не могу описать более точно. Уверен, нечто подобное знакомо многим, и каждый познаёт это сам. Временами мне кажется, что я мог бы обнять весь мир. Что это за силы такие, и откуда они берутся? Всё больше растёт моя непритязательность.

◆ **Что бы счастье не значило, оно хочет быть вечным.**

И опять то же самое: едва взберёшься на гору, как тебя уже манит долина – ох, какие мучения, какие мучения! Но у меня нет другого выбора. И я снова думаю о том, что трудности в большом забеге были бы поменьше. Внимание! О себе заявляет расположенный в моём мозгу центр удовольствий. В поле зрения попадает маленький кафе-бар. Для начала – чашечка кофе и ржаной хлеб. Постепенно собираются паломники. То тут, то там – непринуждённый разговор, и снова в путь. Я забочусь о том, чтобы периодически идти в одиночку. Ведь о том-о сём можно поразмышлять вечером, когда мы встречаемся на турбазе. Наедине с природой у человека возникает совсем иное самовосприятие, не такое, как в группе. Обменяться вечером впечатлениями с единомышленниками – это же тоже удовольствие.

◈ **Очень внимательно сравнивай своё восприятие с восприятиями других.**

◈ **И снова: идущие различными путями паломники приходят к одному и тому же месту встречи.**

◈ **И снова: чувство защищённости при сходных намерениях.**

Ну вот такого я никак не мог предположить: Трэси, она из Англии, идёт с двумя лошадками. Перед турбазой она разбивает палатку, делая это главным образом так, чтобы саму турбазу использовать как оздоровительный центр; помимо этого, спит она всегда в своей палатке под открытым небом. Трэси производит впечатление счастливого человека. Да и после себя она тоже оставляет приятное, доброе впечатление. Мне снова не хватает слов, чтобы выразить, какой же след во мне оставила эта женщина.

◈ **Остановись! И прежде чем сказать,**
что ты, пожалуй, спятил,
проверь и чувства, и свой дух,
чтоб ты контроль над ними не утратил.

Ранним вечером, праздно шатаясь, я захожу не то в гостиницу, не то в общежитие и вижу табличку: «Буфет за 10, 50 евро». Выглядит очень благотворно, и я себе это позволяю. И правда – очень-очень вкусно, да ещё с вином. Женское обслуживание – тоже некое лакомство для глаз. Я бы охотно остался здесь ещё на пару деньков. Это подаёт сигналы мой центр удовольствий. Но я не хочу отвлекаться от дороги. В конце концов, я ведь иду духовным Путём Святого Иакова. И он очень сложный.

15.10.2011 Дорога на Эстеллу

(примерно 23 км.)

Снова в 7 утра подъём и привычные процедуры. Выхожу и отмечаю, что нет ни Трэси, ни лошадей, ни палатки. Это и есть ранние ходоки. Возможно, в пути я повстречаю эту упряжку. Я прохожу через множество мест, а в Эстелле хочу остановиться. Пока и этого достаточно.

Одна финская пословица гласит: «Прислушайся к своему телу. Оно умнее, чем ты думаешь». Вот я и прислушиваюсь. Вечером я встречаюсь с Келли из Бразилии, и мы немного поговорим об этой большой зелёной стране. С контейнерным судном я прошёл это побережье вверх и вниз. Всё было уже давно. Её койка стоит рядом с моей, и таким образом мы можем пообщаться, пока не успокоимся или не засопим…

16.10.2011 Дорога на Лос Аркос

(примерно 22 км.)

Good Morning, Келли! Давай, вперёд! Каждый в соответствии со своей собственной скоростью. По дороге встречаешься в одном из многочисленных кафе-баров, приютившихся в любом маленьком местечке. Кто-то пьёт свой кофе за 1 евро, кто-то пиво, кто-то ест хлеб или мороженое. Многие, многие паломники обеспечивают местных жителей вторичным, а то и основным заработком. И не забывайте наполнить бутылку водой. Это бесплатно. Теперь впереди по правому борту я вижу австрийскую турбазу. Заглядываю туда. Меня встречает молоденькая девушка и говорит со мной по-немецки. Как мило, как приятно. Я здесь остаюсь. Всё хорошо, всё в порядке.

Позже захожу в церковь, меня поражает изобилующая в ней роскошь. Ко мне подруливает Келли из Бразилии. Нас освятили и одарили добрыми пожеланиями. Выйдя из церкви, мы встречаем живущего в Германии американца и живущего в Америке корейца. Затем здесь же рядом решаем подкрепиться салатом и ещё распить вместе бутылочку вина. Отлично! Во всяком случае, по-настоящему весело. И можно снова считать, что весь мир в полном порядке.

Турбаза закрывается в 22:30. Иногда становится досадно, что так рано. Тем не менее телу, уму и душе требуется отдых. Так что, спокойной ночи.

17.10.2011 Дорога на Вьяну

(примерно 20 км.)

◈ **Вмиг проснувшись, осенить себя крестом,**
и затем с задором – вверх прыжком.

Только лишь для того, чтобы напомнить эту ежедневную процедуру. Это помогает, это действует благотворно. Около полудня снова встречаю Келли, она с подругой. Мы сидим на солнышке, организовываем небольшой пикник и обмениваемся нашими электронными адресами. Ведь может же случиться так, что я снова поеду в Бразилию. Келли идёт дальше, а мне надо ещё немного отдохнуть, поскольку мои ноги без конца посылают ой-сигналы. Этого нельзя не заметить. Для некоторых сей путь, безусловно, является искуплением. Сознательно или бессознательно. Эти паломники не осилили или всё-таки осилили его. Смотря, как посмотреть. Для меня путь продолжается, и его главная цель – Сантьяго-де-Компостела – столица Галиции.

Знаю, такой путь не прогулка, но я его для себя выбрал сам.

◈ **Смерть принадлежит жизни, жизнь принадлежит**
смерти.

◈ **Между прощанием и возвращением.**

◈ **Серьёзно иль наоборот, но я хочу идти вперёд.**

Так, и кого я там вижу? Одну молодую девушке из Франции, которая сидит за чашкой кофе и выглядит довольно несчастной. Ноги отказываются идти дальше. На ступнях множество болячек и волдырей. Девушка как раз говорит по телефону с мамой и сообщает ей о своём досрочном возвращении. Мы пытаемся чуть-чуть скрасить жизнь, и это получается при помощи песни. Да-да, и с песней на устах я двигаюсь дальше. Ах, встречаются же порой в толпе и люди! Мне повстречалась Моди – девушка из Квебека, что в Канаде. Мы прямо с полуслова сразу понимаем друг друга. Н-да, однажды я едва не застрял в Канаде. Мне довелось побывать там на нефтяном танкере, и я тепло вспоминаю её потрясающую природу.

Таким образом, постепенно формируется небольшая группа. Представители Франции, Бельгии, Швейцарии, Испании и Германии. Позади хромает Дэвид из Огайо, ему явно тяжело. Его ноги в постоянном напряжении, а в перспективе – никакой радикальной передышки. Мне думается, что он вскоре прервёт своё путешествие. Вечером мы уютно сидим за едой и вином в маленьком ресторанчике. Есть многое, о чём хочется рассказать. Человек – коллекционер жизненных переживаний. И порой невозможно не заметить нашей потребности поделиться ими с другими.

И на этой турбазе тоже в 22:00 – задраить переборки!

18.10.2011 Дорога на Навваррете

(примерно 23 км.)

Я приветствую новый день и солнце Намазом. Так называется солнечная молитва, корни которой уходят в Индию. Одна очень хорошая практика, которая, чем чаще и регулярнее делаешь, тем легче удаётся. Эта йоговская практика очень позитивно воздействует на весь организм.

Сегодня я позволю себе одно исключение. Да… исключения тоже принадлежат к жизни.

За 6 евро мой рюкзак отправится на турбазу на машине. Какое чудесное чувство, – идти среди прекрасной природы без тяжести на плечах! Честное слово, это просто изумительно! Средняя скорость 4,5 км. в час.

А при этом что, боли точно ветром сдуло? Нет, конечно, нет. Они вновь и вновь дают о себе знать, но в других местах. В общем, – вращающиеся боли. Через это надо пройти. Я нашёл этому одно подходящее объяснение. Когда по утрам я стартую, то вместе со мной стартуют уже привычные боли, которые примерно через 20 минут уходят. Думаю, они исчезают потому, что умное тело находит для себя такое щадящее положение, при котором требовательный опорно-двигательный аппарат как бы разгружается. Через пару часов из-за перегрузки боль возникает в другом месте, и тело требует отдыха, ну и т. д.

Одним словом, ищи для себя выход между нагрузкой и разгрузкой. А между прощанием и возвращением мы чувствуем боль и, быть может, что-то ещё большее. Вот так. И наперекор всему вполне жизнерадостный я топаю дальше. Вокруг великолепные виды с виноградниками, оливковыми и миндальными деревьями и снова горы, долины, а вдали – населённые пункты. И даже в самом маленьком из них тебе подмигивает кафе-бар с разными мелочами для потребления. Возможность пообщаться с другими паломниками даёт о себе знать автоматически, самопроизвольно. Из многих мест снова и снова раздаётся «Buen Camino». Так, а сейчас я это приветствие пилигримов немного расширю. Внимание!

Buen Camino, Peregrino, and don`t forget the vino – tonight!

Это «tonight» произносится с некоторой задержкой. Вот видишь, получилось. Повторяется и, как мне кажется, несётся дальше, на край света. Взгляды местных жителей я оцениваю так: между восхищением и состраданием. Ну и что с того, что солнце сияет и поджаривает главным образом «левый борт». Это лишь показывает, в каком направлении ты движешься. Как забавно выглядит то, что солнце рисует на наших телах, перемещаясь с востока через юг на запад. И мы, упрямые пилигримы, бредём с востока на запад навстречу вращению Земли. Ну да, это не прогулка. Но не значит ли, что тем, кто, наоборот, идёт с запада на восток, то есть, совпадает с движением

Земли, что им проще, а следовательно с их душ сваливается меньший груз? Я скажу, что это относительно или наоборот. И так иду я по дороге дальше. Мой внутренний путь проложен наружу и настроен на обратную связь. Мой рюкзак среди прочих целым и невредимым доставлен на турбазу. Хочу ещё пройтись по этой местности. Здесь тоже турбаза закрывается в 22:00.

19.10.2011 Дорога на Нахера
(примерно 17 км.)

В 8:00 я уже в пути. На этот раз снова с рюкзаком. Иду, иду и на дороге всех дорог встречаю много знакомых паломников. Да, дорога объединяет. Я чувствую, как все радуются, снова увидев друг друга. И это так хорошо! Люди, люди, отправляйтесь в путь, ибо это обогатит вашу жизни с различных точек зрения, и ради этого стоит помучиться. Я радуюсь каждому новому дню. Находясь в пути, сталкиваешься с разными природными человеческими свойствами: кто-то толстый, кто-то худой, спортивный, однако попадаются и отстающие, раскисшие, а ещё – курильщики марихуаны и т. д. Попытку делают многие, а выдерживают не все. Возрастные границы, на мой взгляд, – между 6-ю месяцами и 80 годами. Вспоминается один встретившийся мне житель Южной Германии, с которым мы немного пофилософствовали. У него были белые как лунь волосы. Этот мудрый человек шёл уже обратно. Вот это да! Короче, старость – не оправдание для извинений тех, кто не хочет идти. А тем, кто всё-таки отважится, – это одновременно придаёт и бодрость, и мужество. Я понимаю, что у многих возникает страх перед таким вызовом самому себе. Итак, – только мужество, и всё будет хорошо! Причины, по которым кто-то вообще отправляется в путь, – совершенно разные. У каждого – своя. Она может быть связана с духовными исканиями, с вопросами культуры, с криминалом, со спортивным интересом, с поисками смысла, с очищением, с болезнью и надеждой на исцеление, с познанием вплоть до озарения, с чем-либо в перемешку да и просто так. Да, к сожалению, в путь отправляются и криминальные, нацелившихся на деньги паломников типы. Так что будьте осторожны! Прятать деньги в самом низу спального мешка – эта уловка известна не только честным людям.

В любом случае, к 14:00 я добираюсь до турбазы. На ней хорошо, чисто, дружелюбно и всё это заканчивается большой просторной общей спальней примерно на 100 мест. Цена за ночлег в виде пожертвования. В 15:00 хромающий Дэвид с явно выраженным на лице истощением появляется из-за угла.

Кто собирается на какой-нибудь турбазе пару недель или месяцев поработать практикантом или заведующим госпиталя, пусть обращается по адресу:

w.caminosantiago.org

или

hosvol(at)caminosantiago.org

Условие:

весь Путь необходимо пройти собственными ногами.

20.10.2011
Дорога на Санто-Доминго-де-ла-Кальсада
(примерно 22 км.)

«Мой отец был скитальцем, и это у меня в крови…» Да, и так далее… и так далее… Что ж, я уже снискал себе славу поющего пилигрима. А хорошее в том, что это заразительно. Бывает, часть пути я иду и пою вместе с другими паломниками, бывает, что моё пение кого-то как бы заманивает. Тем временем люди знакомятся, и цепочка из песен продолжается. На одном из водопоев я повстречал семейную пару с тремя детьми (11, 12, 13 лет). Смотрите-ка, они прибыли из Люнебурга и проводят свои каникулы или отпуск, идя Путём Святого Иакова. Продвинутся настолько, насколько им позволят две недели каникул, а потом продолжат в следующем году. Да, так тоже делают. Как же это мило, когда впереди идут дети с их маленькими рюкзаками. Здорово! И вдруг я оказываюсь перед турбазой. Здесь и переночую. Снова в большом резонирующем здании стоит храп. Я всегда слежу за тем, чтобы окна или двери были открыты для проветривания.

Иногда мне приходится объяснять другим паломникам необходимость свежего воздуха. И потом меня несколько удивляет, что на сей счёт имеются два мнения. Не так ли? Теперь – моя традиционная прогулка-приветствие. И тут я встречаю Петера и его подругу. Они всё ещё живут в Южной Австралии и подумывают перебраться в Новую Зеландию. Итак, Петер австриец, живёт в Ю. А., и держит курс на Н. З. Ради того, чтобы всё это для себя по-настоящему прояснить, они идут Путём Святого Иакова. Ладно. Такие варианты для меня новы. Я желаю им обоим только ясных мыслей.

Семья с тремя детьми тоже решила остановиться на этой турбазе, которая опять же для всех закрывается в 22:00., а в 08:00 утра – настойчиво всех выпускает. Ах, вот ещё что: здесь принимается только пожертвование.

21.10.2011 Дорога на Граньон

(примерно 7 км.)

Плохой результат? Не тут-то было! Граньон воспет многими паломниками за его шпиль. И я тоже не должен упустить эту возможность. Общая спальня – дверь – и ты уже посреди церкви. Здесь можно было бы снимать следующий фильм о Гарри Потере. Боковые проходы и вид колокольни содержат в себе нечто сакральное, таинственное, жутковатое.

Бренда, практикантка из Канады, очень милым образом заботится о нас, паломниках. Бренда и Джон из Португалии колдуют над ужином. Для всех – рис и свежая рыба. Еда, питьё и проживание – всё за счёт пожертвований. На столе – хорошее красное вино. На десерт – фрукты. Красота да и только! Присутствующие паломники уже приготовили свои пожертвования для следующих. Кто хочет пройти этот путь, – не упускайте такую возможность. И всё продолжается, продолжается так весело, так безоблачно. Тут на стене в ожидании своего исполнителя висит гитара. И с вином начинаются звучащие на разных языках песни.

Тем временем мы узнаём, что такое благословляющая всех паломников месса. По кругу проносят большую белую свечу, и каждый, кто её держит, должен что-то себе пожелать.

◈ **Я желаю себе позитивного развития в этом мире. Аминь!**

Пожелания произносятся вслух. Да. А вы как думали? Позже мне приходит на ум вот ещё что:

◈ **От множества дурных голов**
   народ в страданьях занемог.
   В любые, знайте, времена
   от дурака не жди добра.

Все паломники желают улучшения жизни для всех живущих на земле. Ну, это говорит само за себя. Ах да, это вносит в пожертвования смысл. В противном случае я бы сказал, что

◈ **Пожертвование – это общепризнанная особая форма попрошайничества.**

При этом государство перекладывает ответственность на население с отчасти уже высоким уровнем налогообложения. С одной стороны хорошо, что есть пожертвования, а с другой – позорно, что в них есть потребность. Мне бы не хотелось здесь углубляться в политику, но не плохо бы, чтобы политики и менеджеры прежде чем занять свои должности, прежде чем взяться за людей, прошли бы Путь Святого Иакова. Я глубоко убеждён, что это благотворно повлияло бы на принятие многих решений и в политике, и народном хозяйстве. Никто не должен быть попираем, но и добиваться превосходства сил в ущерб другим тоже не дело. Собственная польза должна быть автоматическим следствием осмысленных действий, но не главной целью. В конце концов мы же имеем дело с людьми, с нашими собратьями. Лозунг «Сильный помогает слабому» должен быть значимым не только для следопытов.

◈ **Проблемы могут быть очень обременительными, однако столкновение с ними может приносить также и удовольствие.**

Нам здесь очень приятно, но становится всё позднее, и пора ложиться спать. Каждый берёт себе коврик для дзюдо и шерстяное одеяло. Вот так-то. В одном углу, вижу, лежит девушка из Кореи. Постепенно на пол для сна ложатся примерно 15 человек.

22.10.2011 Дорога на Тосантос

(примерно 22 км.)

Carpe diem – лови момент! Это мне не надо повторять себе дважды. Мой ответ:

«Buen Camino Peregrino along the way you`ll find the vino»

Пока что мне не удалось превратить воду в вино. А бутылка с водой при мне. Все чувства озарены, и дорога ведёт меня дальше. Удивительное путешествие по холмистым полям. Иногда – мимо дорог, на которых проезжающие машины приветствуют нас сигналами. Они, безусловно, осведомлены о Пути со всеми его мучениями, подъёмами и спусками. Пока что ещё никто не покрутил пальцем у виска. Сгруппировавшись, паломники бредут друг за другом. Одни ушли далеко вперёд, другие отстают или должны, или хотят прервать свой поход, или просто приостановиться, чтобы поговорить друг с другом. Совместная трапеза и пение. Да, но ещё надо не забыть о множестве болячек. Кажется, словно каждый несёт свой собственный узелок, но нагрузка – от головы до ног, и затрагивает также душу. Две женщины, одна из Бразилии, другая из Португалии, ведут себя отвратительно шумно. Они уже знакомы с этим маршрутом, и полагают, что теперь у них есть привилегии. При этом их манера держаться вызывает только неловкость. Я неоднократно указывал им на это, но регулятор громкости срабатывает только на короткое время. Многие раздражены, но, похоже, обеих дам (дам?) это не интересует. Да, такое тоже встречается на этом пути, который не является путём совершенства. Тем более в самом его начале. Возможность измениться существует для всех, кто совершает паломничество. Да, но где вы его совершаете?

❖ **Что толку в чтении, и что за прок в писании, когда недальновидны, непреклонны мы в самопознании.**

23.10.2011 Дорога на Виллафранка

(примерно 7 км.)

Сегодня мне идти всего 7 км. Сидящие в баре люди шумят, трубят на весь мир. Хорошая новость: они ждут автобус, чтобы едать дальше. Такое тоже бывает. А я избавляюсь от них. Всё очень просто. На турбазе полный порядок, везде чисто. Её хозяйка дотошно аккуратна. Малейшее загрязнение тотчас подвергается нападению.

С одной стороны это мило и забавно, а с другой – мешает. Я имею в виду, когда это постоянно. По ночам становится всё прохладнее. Наготове шерстяные одеяла. На этой турбазе я в комнате один, и это, на мой взгляд, тоже очень приятно. Само место как раз весьма беспокойное, потому что расположено на шумной магистральной дороге, по которой с грохотом проезжает много грузового транспорта. Цена за постель – 6 евро.

24.10.2011 Дорога на Сан-Хуан-де-Ортега

(примерно 12 км.)

Бойким шагом я стараюсь скрыться, подальше уйти от магистрали, и, минуя все преграды, пробираюсь через лес. Спустя три часа я уже в Сан-Хуан-де-Ортега. Турбаза открывается только в 13:00, но поблизости есть кафе-бар, и там, конечно, рады небольшому товарообороту. «Un cafe solo por vavor» (пожалуйста, только один кофе). Дальше происходит нечто оглушительное. На самом деле. Грохот исходит от кофеварочной машины, и, к сожалению, он не является показателем хорошего качества кофе. На вкус этот кофе – не кофе. Евро туда, евро сюда, ещё одна попытка – ничего не помогает. Всё равно не кофе, а пойло. Ну, с меня хватит. Мимоходом бросаю взгляд на кухню, и что я вижу? Перед холодильником, вытянувшись во всю длину, стоит собака. Спасибо, здесь я ничего есть не буду, совсем ничего.

13:00. и турбаза открыта. Она очень большая, расположена около старой церкви. Здесь царят тишина и спокойствие. Следовательно, здесь уместно читать и писать. Ночи становятся всё холоднее, отопление не работает, но есть тёплые одеяла. Паломники довольны. Что я говорил ещё вначале? Есть тёплый душ, постель, – и внутри тебя растекается благостная нега.

Сегодня было ветрено и дождливо. Тем более «ох, как же хорошо мне вечерком».

25.10.2011 Дорога на Бургос

(примерно 28 км.)

26.10.2011 Бургос

Утром – в путь, а в 16:00 – уже на турбазе. 1,5 часа дорога идёт через большой город. Бетон, машины, шум, загрязнённый воздух. Если бы знал, – воспользовался бы ближайшим автобусом. Наверное, я сделал неверный ход. Или нет. Но что такое полтора часа по отношению к общей протяженности маршрута. Чистая, опрятная турбаза «Casa de los Cubos» ждёт вас. В ней 140 спальных мест, распределённых во множестве комнат. В регистратуре – приветливые люди из разных стран. В настоящее время здесь и правда нет ничего, что могло бы вызвать недовольство. То тут, то там я снова встречаю некоторых скороходов. Фройлен Моди из Квебека с напряженным лицом лечит свои волдыри на ногах. Это просто счастье, что есть такой хороший пластырь, который как вторая кожа закрывает раны. И дорога идёт дальше. Многие, многие паломники озабочены волдырями на ногах. Я от этого недуга не страдал. У меня удобная обувь, и это хорошо. Думаю, тут дело в правильном выборе обуви. Только тогда можно быть спокойным. А ещё – шаг за шагом – ноги должны привыкнуть к изменённым условиям. Заранее, прежде чем отправиться в поход. В общем, основательно разносить обувь, и только потом выходить в большой, просторный мир. Раз – с большими, раз – с маленькими деньгами. Посмотрим, что этот мир прояснит для нас.

❖ **Было б больше мира в мире,**
   если б деньги отменили!
   Много всё-таки проблем
   деньги нам приносят всем.

Констатирую, что всё-таки в основном в пути встречаются испанцы и французы. Одиночек не так уж много. В группе, определённо, получаешь намного больше удовольствия, но самовосприятие – это нечто иное. §1 – каждому своё. Паломники из Испании много, очень много говорят. В гостиной я ищу для себя свободный стол, но в скорости ко мне подсаживается французская семья с тремя детьми (от 8 до 10 лет). И вновь становится по-настоящему весело. Мама хочет всучить мне кусок шоколада. Я благодарю и отказываюсь.

«Ну, только кусочек» – уговаривает она. Я остаюсь твёрд и объясняю ей причину своего отказа: рафинированный сахар – вредный для здоровья продукт, его побаиваются даже бактерии. Но ведь это так вкусно, и после шоколада уже не надо ничего есть и т. д. и т. п.

Ну да, когда речь касается сладостей, – именно эти обычные уловки, и из глубин подсознания о себе заявляет совесть. Женщина пробует уговорить меня ещё пару раз и никак не может взять в толк, что есть кто-то, кто говорит «нет». Я едва не довёл её до критической ситуации. Надеюсь, что дети, увлеченно наблюдавшие за этим небольшим спектаклем, сделают из него верные выводы. В другом месте я ещё раз затрону вопросы питания и здоровья.

В любом случае, эта семья продолжает путешествие и периодически, когда детские ножки очень устают, садится в автобус. Они уже в третий раз проводят каникулы в походе и вот так, поэтапно, идут Путём Святого Иакова. Среди остальных паломников, они не единственные, кто так делает.

Я решаю провести в Бургосе ещё один день и одну ночь. Посещение Кафедрального собора, музея, но также тут –

кофеёк, там – пиво и немного болтовни. Да, всё это тоже должно иметь место. И всего 4 евро за одну ночёвку. На большинстве турбаз имеется Интернет. И мне любезно позволена такая дополнительная ночь.

27.10.2011 Дорога на Хорнильос-дель-Камино
(примерно 20 км.)

Хотя идёт дождь, я стартую в 8 утра. По дороге до ближайшего кафе промокаю до нитки. Дождь уменьшается, и я двигаюсь дальше. Примерно полчаса через Бургос, и потом, наконец, нехожеными тропами на лоне природы. Но я снова рад пройти в одиночку и через маленькое селение, которое распознал вдали. Это каким-то непонятным образом и бодрит, и успокаивает. Как же это происходит? А почему нет? Принимаю это просто так, как должное. Возможно, обсужу это с теми, с кем подобное тоже случается. Не поддаться прелести природы не сможет, пожалуй, никто. Нам остаётся лишь дивиться нашему существованию, просто дивиться.

На турбазу я прибыл абсолютно мокрый. У регистратуры меня встречает Ларена. Мы сразу чувствуем нашу спаянность. Прям с самого начала. Такое бывает. Ларена – очень милая молодая женщина, так вписывающаяся в этот мир. Она разжигает камин, завязывается беседа, и вокруг распространяется благотворное тепло. За бокалом вина мы с ней ещё и поём. Это происходит само собой, спонтанно и очень хорошо.

28.10.2011 Дорога на Кастроериц

(примерно 20 км.)

◈ **Вмиг проснувшись, осенить себя крестом,**
и затем с задором – вверх прыжком.

Нет-нет, я это не забыл. Дорога на Кастроериц очень трудная, выматывающая. Одна единственная длинная, вязкая от грязи дорога. Обувь с каждым шагом становится больше и тяжелее, а темп медленнее. Господи, надеюсь, что осилю. По этому широкому коридору я иду один. Во мне растёт какое-то лёгкое недомогание. Я пробую разные способы, чтобы двигаться вперёд, и лучшую опору нахожу в каменной кромке. Мне бросается в глаза, как кропотливо добывает себе пропитание белка.

К 15:00, доковыляв до турбазы, я оказался единственным пилигримом. Мне говорят, что это как-то необычно, и для меня одного вообще не хотят открывать турбазу. До следующей не так далеко, и мне предлагают место в машине. Я соглашаюсь. Мой правый ботинок пришёл в негодность: проникшие через испорченную подошву маленькие камушки причиняют боль. Да и в других местах у меня её предостаточно. По крайней мере, правая пятка болит, тянет, и похоже, там гематома. Я рад, что добрался до турбазы в Боадилья-дель-Камино. Здесь снова встречаются уже знакомые лица. У них у всех на этом участке пути тоже были трудности. Сегодня вечером – общий ужин с популярным красным вином (9 евро). Пусть ноги отдохнут, потому что завтра снова в поход, и нужны силы. Некоторые паломники дают волю своему негативному и даже агрессивному настроению. Из книги «Голодание для странствующих» я знаю, что это значит. А именно – ферментация и очистка. Агрессия проходит, но кое-где портится настроение. Кто-то говорит что-либо без злого умысла, а его неправильно понимают. Частенько – непонимание намеренное, чтобы иметь возможность придраться. Многие используют ошибки других, дабы простились их собственные и т. д.

Каждому следить бы за самим собой, чтобы не слишком притягивать к себе то отрицательное, что исходит от других. Пусть всё плохое будет где-то вдалеке. Мы все можем следить за собственной гигиеной мыслей, тренироваться в этом. На эту тему – в другом месте.

29.10.2011 Дорога на Каррион-де-лос-Кондес
(примерно 21 км.)

Этот переход значительно легче и приятнее. Что ж, в двойственно мире так случается. Было бы всё зелёным, мы бы не знали, что такое зелёный цвет. Мы воспринимаем мир в его контрастах. Я не против, чтобы турбаза влияла на меня. Это место, где снова встречаются многие паломники, где они вновь и вновь поют жизнерадостные песни. Я немного прошёлся по этому довольно большому, наполненному жизнью городу. Да, здесь бурлит жизнь! В двух барах меня так дружелюбно встретили, так хорошо обслужили и вовлекли в разговор. Разумеется, местные. Ах да, здесь господствуют женщины. Наверное, в этом и кроется причина такой сильной, волнующей жизненной энергии. Вечером на турбазе под гитару одной монахини пелась «Санта Мария». То соло, то хором. И мы позволили себе немного вина. Ведь Иаков не возражал против этого, или? Мы не хотим смотреть на это столь сухо. Я о том, что «no Vino no Camino». Да, вот он мой новый слоган. Посмотрим, как он будет переходить от одного к другому. Но пока что – 22:00. Внешние двери закрываются. Мирное похрапывание...

30.10.2011 Дорога на Кальсадилья-де-ла-Куэза
(примерно 18 км.)

Я уже автоматически просыпаюсь в 7 утра и готовлюсь к дороге всех дорог. Есть паломники, которые уже в 6 утра покидают турбазу и, освещая себе путь фонариками, идут дальше. Да, у кого есть соответствующая физическая подготовка, тот за день проходит около

45 км. Вероятно, основания для странствия могут быть разными, но оно никогда не бывает необоснованным. И с терапевтической точки зрения их воздействие на любой организм положительно. Но подробнее об этом – в другой раз. Вода, вода! Без воды мы бы не могли об этом даже подумать. Полагаю, что это понимает каждый. Итак: своевременно наполнить бутылку водой! Моя физическая форма, слава богу, улучшается. «Спасательный круг» вокруг бёдер стал меньше. Связки, сухожилия и мышцы на ногах периодически ещё дают о себе знать, но те времена, когда я, в конец измотанный, добравшись до турбазы, падал на кровать или нары, чтобы первым делом отдохнуть – уже прошли.

Теперь процедура несколько изменилась:
прибытие на турбазу → обустройство → душ → стирка вещей → переодевание → бумажная волокита → местность и люди. Ведь много времени на знакомство с местностью и людьми не остаётся никогда. На мой взгляд, это происходит во время движения и принадлежит дороге.

Природа, турбаза, паломники и местное население – всё, что радует зрение и слух. А потом это ведь радует и душу.

◈ **Политику и менеджеру до вступления в должность в обязательном порядке следует одолеть Путь Святого Иакова.**

31.10.2011 Дорога на Саагун

(примерно 22 км.)

Радостно и бодро я иду моим Путём Святого Иакова. Когда терпение заканчивается, наступает благодать. В 15:00 я добираюсь до расположенной в церкви турбазы. Ночёвка стоит 4 евро. Махонький городишко, но с рыночной площадью. О, это восхитительное спокойствие... вымоленное в церкви. Молясь, мы улучшаем то хорошее, что в нас есть. Это испробовать и ощутить каждый должен сам. Наверняка у нас у всех есть собственные убеждения о вере. Но если вера – это наш дом, тыл, где нам хорошо, тогда я очень хочу оценить это и признать. И хотя Бога, Творца всего сущего, можно отрицать, но доказать это невозможно. И вот так многие люди ищут способ, чтобы спасти свою душу. И это хорошо. Копить познания, опыт и ждать великого озарения.

Появляются и исчезают некоторые знакомые фигуры. Здесь и Андреа из Гамбурга. У неё такой звонкий, заразительный смех. От него становится так хорошо.

Всякий раз, увидев паломника, я радуюсь и наполняюсь неким чувством равенства. В принципе, почти каждый на этом пути рад другому. А я снова и снова с удовольствием иду через какую-нибудь местность и, говоря ерунду, то тут, то там теряю слова. Иногда мы обмениваемся адресами. Ага! И мой внутренний ребёнок радуется в полную силу.

◆ **Внутренний мир человека возникает в каждой голове в неком взаимном процессе с внешним миром, со вселенной. И видится он нам таким, каким мы его в себе сотворили сами.**

Когда-нибудь в отдалённом будущем может дойти до того, что внешний мир тебе не так уж понравится, а изменить его ты не сможешь. Тогда всё же попробуй изменить свою внутреннюю установку, точку зрения. Не исключено, что в тебе снова воцарится благотворный покой.

01.11.2011 Дорога на Эль-Бурго-Ранеро

(примерно 18 км.)

Я приветствую свои ноги. Болит пятка, и если я не ошибаюсь, мне нужна новая обувь. Это я должен моим ногам, на которые в конце концов возложена ведущая роль. Турбаза просторная и уютная. Душ сейчас очень кстати. Это тихое место. Сегодня святой праздник, и вокруг меня всё так наполнено смыслом. Сосредоточенность направлена внутрь, и все рано ложатся спать. Да, какая удача! Здесь нет лифта, и нужно топать по лестнице.

◆ **Удача – это когда достигаешь того, чего желаешь.**

«Говорить о весе ноши может тот,

кто ношу поднял,

а ещё вернее – тот,

кто сам ношу понесёт»

Гёте

02.11.2011 Дорога на Леон

(примерно 38 км.)

И что-то такое тоже происходит, и зачастую очень мощно. Как будто существуют дни, сложность которых уже предопределена. И как человек пытается эти вновь возникшие проблемы решить, как справляется с ними? Мастер много намастрячил… А ничего ещё не подозревающий человек, придя в этот мир, должен развиться, так сказать распеленаться. И что же его тут уже успело запеленать? Временами проблемы очень обременительны. Но уметь с ними сражаться – это может быть даже забавно. Мне бы хотелось быть не искателем проблем, а тем, кто их решает. Внутренние проблемы сталкиваются с внешними, и наоборот. А кто решает свои проблемы да, по возможности, ещё и чужие, тот развивается, растёт и преуспевает. Поделюсь-ка я своими мыслями об ЭКС по Вольфгангу Мьюзе:

«У множества маленьких проблем

есть одна основная. Решив её, я часто

автоматически решаю многие маленькие,
или же они просто решаются легче. ЭКС –
это энергокибернетическая-стратегия. Эту
теорию менеджмента можно погуглить. Желаю
хорошего времяпрепровождения!»

В чём проблема? Одна молодая женщина из Кореи жалуется на укусы клопов. Что ж, такие ночные встречи с насекомыми не исключаются. Я даю ей мазь и советую выстирать её спальный мешок при 60-градусной температуре. Да, она готова это проделать; кажется, ей полегчало, а я рад, что смог помочь.

А теперь – к моей проблеме: предполагаю, что у меня на левой ноге началось рожистое воспаление. Речь о лимфатических сосудах. Без лечения это чревато заражением крови. Посмотрим... понаблюдаю. Ведь достаточно малейшей ранки между чувствительными пальцами ног, и туда могут проникнуть бактерии. Тогда развившийся в ноге процесс заполонит всё тело. Понимаю, что необходим антибиотик. Но откуда ему взяться? Прежде всего я взываю к моим собственным живительным силам. Ведь на этом Пути может произойти и что-то мистическое. Стало быть, я направляю к небесам и к Иакову крик о помощи и смотрю, что будет дальше. Я не хочу выпускать из виду какой-либо вариант. Но как теперь быть со следующим переходом. Я едва ступаю на ногу, а до следующего места 13 км., и в промежутке – ничего, что напоминало бы цивилизацию. Ни здесь, ни по пути нет ни одной аптеки. Зато полно диких мест. Ах, ты ж боже мой! Ковыляя таким образом по Пути Святого Иакова пару километров, я всё ближе подхожу к совершенно глухой местности. Тогда на последней остановке я принимаю решение и сажусь в следующий в Леон автобус. Я всё ещё полагаюсь на живущие во мне целительные духовные силы. Во мне и вокруг меня. Но я также чувствую в себе определённую долю ответственности за самого себя и допускаю, что реализоваться могут обе возможности. Ну вот, теперь, сидя в автобусе, я еду в Леон, но несмотря на это, мысленно я продолжаю свой путь. Если двигаться целенаправленно, то и длинная дорога становится короче. Ещё в диком месте, но уже на окраине города, я выхожу из автобуса и примерно три четверти часа двумя ногами шагаю до самой турбазы с церковью и 120-ю спальными местами. Теперь перво-наперво надо подержать ноги в высоком положении. Воспаление не рассосалось, и, стало быть, я иду в аптеку, объясняю мою проблему и во спасение жизни на 10 ближайших дней заказываю себе широкий антисептический бинт. Насколько мне известно, этот безудержный рост надо убить, чтобы снова восстановился порядок. А не то существует опасность, что разведутся стойкие «сожители», которые тебе совсем не понравятся. Во всяком случае, в этой аптеке я получил свой желанный заказ, и без рецепта. На то это и Испания, а не Германия. К этому можно относиться как угодно, но иногда, если на что-то закрыть глаза, жизнь становится просто легче.

С приятным чувством защищённости я возвращаюсь на турбазу, которая переполнена почти до отказа. Мы, паломники, сидим за длинными столами и разговариваем. В общем и целом здесь всё очень хаотично. Скрип кроватей, некоторые личности уже под кайфом, храп-концерт, сзади какой-то неженка закрывает окно. С меня хватит! Я нахожу другую комнату, распахиваю окна и чувствую себя намного лучше. Андреа из Гамбурга прибегла к такому же варианту. Спокойной ночи!

03.11. / 04.11. 2011 в Леоне

Доброе утро, Андреа!
Вмиг проснувшись, осенить себя крестом,
и затем с задором – вверх прыжком.

Этот всё же несколько религиозный ритуал сначала озадачил Андреа. Она сказала, что ночью я периодически громко смеялся. Пытаюсь припомнить свой сон, но тщетно. Жаль. Мы с Андреа всегда ведём приятные, интересные разговоры. Как это прекрасно!

Петер живёт здесь около 49-ти лет. Он специалист по компьютерам, и обязательно хочет вернуться в Германию. Мы говорит о защите природы и животных, о Боге и мире. В разговоре всегда всплывает и хорошее, и плохое. Это стоит проанализировать.

◆ Человек, следи за окружающим тебя миром! Кто же, кроме, тебя это сделает?

◆ Кто видит только положительное, тот не вполне вникает в рассматриваемый предмет.

Откуда ни возьмись до меня долетела новость, хорошая новость: где-то поблизости должна быть образцовая турбаза. Ну, надо взглянуть. Рюкзак сложен, и я плетусь через город. Направление верное. И вдруг – жёлтая стрелка-указатель Путь Святого Иакова и ещё желто-синяя ракушка-гребешок (Jakobsmuschel). Эти знаки помогают паломникам сориентироваться в поисках цели. Для меня это очень существенно, потому что в дороге не погуглишь. Немного приключений – это неплохо, но когда исчезают все ориентиры, то тогда надейся либо на Иакова, либо на Господа. Если есть желание поразмышлять по этому поводу, то и такие ситуации надо тоже допускать. Иногда для переосмысления своей жизни человеку требуется катастрофа. Я говорю «иногда»! Потому что повторяющиеся катастрофы не оставляют порой никакого пространства для нормального, здорового развития. То, что развивается, нуждается в соответствующем просторе, внутри которого можно развернуться. Протяженность времени и пространства. Но об этом – позже.

◆ На мой взгляд: странствия – новые открытия – новый человек. Аминь.

После примерно часового бродяжничества и туда-сюда заглядывания я добрался до муниципальной турбазы. Ну да, здесь уже видны первые звёзды. Хоть это всё ещё турбаза, но уже возникает приятное предотпускное настроение. Вот такое ощущение. Тут я бы остался на долгое время. Ох, не введи нас в искушение. Ну, попробуем-ка. В регистратуре – милая, приветливая и такая современная молода женщина. Она чувствует моё удивление. Судя по всему, эта турбаза многим неизвестна, так как в наличии много свободных комнат и спальных мест. При этом цена относительно скромная. За постель в 8-местной комнате я плачу 4 евро и знаю, что буду там храпеть один. Если я вообще храплю, ибо это дело связано с избыточным весом, килограммы которого остались на пройденном мною пути. В самом деле!! Мне бы не хотелось сейчас заниматься детальной информацией, но определённо могу сказать, что паломничество действительно оказывает на нас влияние. Человек становится новым снаружи, и если хочет, – изнутри тоже.

В любом случае, молодая особа из регистратуры устроила так, что в восьмиместной комнате я предоставлен самому себе. Это радует, поскольку теперь я могу наслаждаться полной тишиной, могу просто быть.

Ах да, Интернет здесь бесплатный! На других турбазах за эту технику за час нередко дерут от 2 до 3 евро. I last but not least: эта турбаза открыта 24 часа, и оставаться на ней можно пока хватит денег. Разумеется, я использую такую возможность, чтобы познакомиться с этим местом и его жителями и после 22:00 тоже. К слову сказать, в Леоне необыкновенно красивый собор, множество маленьких баров, где можно немного подкрепиться, то там, то здесь – пиво и лёгкая закуска. Ну и хватит об этом! Ведь в какой-то момент наступает и сытость, и опьянение. И Святой Иаков подмигнул бы. Так, на сегодня достаточно, и быстро в постель.

❖ **Сила человека в знании своих слабостей.**

Однако этим знанием не стоит злоупотреблять, а не то доведёшь самого себя до абсурда.

05.11.2011 Дорога на Вийядангос-дель-Парамо
(примерно 26 км.)

Полностью отдохнув, свежий и бодрый, отправляясь в путешествие, я радуюсь этой турбазе, и каким-то образом чувствую, что когда-нибудь мы с ней ещё увидимся. Я иду Путём Святого Иакова, и моя цель – Сантья-го-де-Компостела. Несмотря на то, что левая ступня и с ней вся нога болит, впереди у меня 26 км. Между прочим, некоторые турбазы уже отдают предпочтение зимнему отдыху. В общем, господа, вы должны быть готовы к таким сюрпризам. Посему – Кто выбрал этот путь, чтобы идти не зря, проверь, а вертится ль ещё Земля.

Весь без исключения Путь Святого Иакова – не прогулка, но он стоит затраченных усилий. Вы только идите, идите и испытайте всё сами. Вознаграждение манит и зовёт вас.

Моё рожистое воспаление напоминает о себе и требует пощады. Турбаза не отапливается, и ночью уже по-на-стоящему холодно. Но есть одеяла. С самого начала в нашей компании находится девушка из Кореи, а тут со своей корейской подружкой приходит брюсселец Бруно, и они добавляют в общение веселье. Да, на этом пути очень много паломников из Кореи. Они прочли книгу Коэльо «Путь Святого Иакова» и отправились в дорогу. И хотя преимущественно они совершают это с духовным посылом, но слишком много времени уделяют своим смартфонам, и это-то посреди живой природы. Не понимаю, что это такое, везде и всюду связываться с Родиной или гуглить. Не хочу дальше сие анализировать. Моему вынужденному «развлечению» – рожистому воспалению -требуется сейчас моё внимание, но несмотря на это, я совершенно осознанно иду сквозь великолепную, рас-простёртую передо мной природу. Должно быть, прежде чем станет лучше, должно стать хуже.

❖ Таков путь, который каждый, кто перестал понимать мир, проходит самостоятельно.
А мир, несмотря ни на что, вертится от зари до зари.
И ночной порой – боль, ой-ой.

06.11.2011 Дорога на Оспиталь-де-Орбиго

(примерно 11 км.)

Ну, все добрые духи попытались каким-то образом мне помочь, но я, видимо, их не понял. Думаю, мне следует самому что-то предпринять. Время пришло. Ведь моя медицина со мной, и вот – мой первый противобактериальный бинт. Собственно говоря, я – за жизнь, но не позволяю этим крошечным мучителям себя разозлить. А с другой стороны – я их не приглашал. Мне необходимо здоровье. Человек – это микро-макро-космос, и без здоровой организации эта система не работает. Если каждый будет управлять по-своему, – цели не достичь. Состояние ноги не ухудшилось, но и не улучшилось. Есть чувствительность к надавливанию. Я провожу 10-дневное лечение. Safety first! Безопасность – прежде всего! В принципе, нога сейчас в необходимом ей покое, но я хочу двигаться дальше. Для одних стакан – наполовину полн, для других – наполовину пуст. И обе стороны правы. Важно это понять. Для меня пока стакан наполовину полн. Да, и потом есть ещё лягушка, которая, свалившись в сосуд с молоком, так долго дрыгала ножками, что оказалась сидящей на горе из масла. Спаслась!

На турбазе мне вновь встречаются озабоченные разными болячками знакомые. Только что появилась светловолосая Катарина из Южной Африки. Ей тоже нравится это место. Позже, заглядывая то туда, то сюда, мы, связанные незримыми узами симпатии, бродим по переулкам. Однако уже скоро время отдыха, время сна. Я готов.

◆ Мы – это только гены или окружающий нас мир? Или то и другое?

«Какая ж это благодать,
суметь хоть изредка прекрасное создать!»
Вильгельм Буш

07.11.2011 Дорога на Асторга
(примерно 17 км.)

Good morning, Катарина! В помещении начинается движение. Один за другим пилигримы выкарабкиваются из своих спальных мешков. Вставшие пораньше уже в пути. Каждый на свой вкус. Мне милее более неторопливый подход, но после 8:00 всем положено покинуть турбазу. И вот с ясным взором я бреду на запад. Какого направления паломник придерживается главным образам, можно узнать по более загорелому участку его тела. Левая сторона паломников постоянно освещена и выглядит ярче, так как Путь Святого Иакова всё-таки явно ведёт на запад. В какой-то момент я цепляю Катарину, и один из отрезков дороги мы проходим вместе. Болтая о нашей жизни, мы то и дело затягиваем какую-нибудь песню, на английском или немецком. К нам присоединяются другие идущие поблизости. Здорово! Жизнь доставляет настоящее удовольствие. Жаль, что Катарина скоро должна вернуться к себе домой. В следующем году она хочет продолжить свой путь. Так тоже бывает.

С нами остаются наши добрые воспоминания.
Дорога на турбазу тянется бесконечно долго. Неужто испанские километры длиннее других? И вот мы стоим перед каким-то ужасно сконструированным мостом. Сначала – высоко вверх, потом – вниз. Ох, моя спина, ох, мои ноги! Такие огромные усилия из-за пары железнодорожных путей. Но жаловаться – бессмысленно, ведь турбаза находится позади моста. Конечно, предстоит ещё один подъём в гору. Андреа из Гамбурга и Симон с Каролин из южной Германии тоже считают, что на сегодня – хватит. Короче, мы и другие остаёмся на ночлег в этом чудесном месте. Я, как и положено, немного занимаюсь своими ногами. Да, ноги – это ежедневная церемония для всех. И каждый знает то, что знают другие о боли и радостях. Помня об обязательном 10-дневном лечении, я прилежно принимаю антибиотик. И хотя недуг быстро отступает, виновники болезни всё ещё на своём посту и могут снова атаковать из своего подполья.

❖ **Смысл жизни в её осознанности, и во всём, что с этим связано.**

08.11.2011 Дорога на Рабаналь-дель-Камино

(примерно 22 км.) (5 евро)

Около 8-ми утра многие паломники уже на пути от этого места к другому. Главное – идти. Вновь в свободном темпе я придерживаюсь западного направления, и чувствую себя комфортно. Многие во время пути попадают в «нравственные рамки», но это каждый решает сам. С радостью вижу, что вдали показался Крус-де-Ферро. Возможность сбросить все свои душевные тяготы всё ближе и ближе. Это имеет силу для всех паломников на этом пути. Надо только захотеть. При этом, упрощая процедуру, немного помогает вера. И мужество! Оно, конечно, тоже не лишнее. Ну а теперь – курс на турбазу в Рабанале. Моей левой ноге требуются снижение нагрузки и покой. В противном случае дальше я пойду, сломя голову, нехожеными тропами. Но сейчас меня радует стаканчик вина в перспективе. Я захожу на большую уютную турбазу с камином. Мы сидим тут, и многие паломники что-то рассказывают. Происходит обмен симпатиями, возникновение маленьких групп. Порой между некоторыми происходит сближение, и Иаков наверняка ничего не имеет против этого. Разумеется, такое может случиться на любой турбазе, да и в дороге энергия тонких чувств тоже не заблокирована. Возможно, именно сейчас разрешится какой-то криз, а на старте в нетерпении уже стоит новый.

22:00. Отбой! Не только же монархам храпеть. Аминь.

◈ Кризис – это шанс на исцеление. Но никаких гарантий.

09.11.2011 Дорога на Эль-Асебо
(примерно 17 км.) (5 евро)

8:00, и вперёд! Что принесёт мне сегодняшний день? Передо мной нет сияющего Южного Креста, поскольку для этого мне надо было бы быть совсем в другом месте. В отличном настроении по горам и долинам я двигаюсь на запад. Мучения, с трудом переводимое дыхание и затем вновь – спасительный отдых. Свободно дышащие лёгкие, которые, как и все клетки тела, глубоко вентилируются. Освежённый дух. Думаю, что без гор, я бы не увидел долины, а без долин – горы. Без противоположностей у нас в голове была бы совсем другая географическая карта. Вот так и живём мы в двойственном мире. Я ещё раз напомню о том, что

◈ Мысль является репродукцией чувственного восприятия.

◈ Не глаз видит, а благодаря глазу можно стать увиденным.

И всегда есть простор для индивидуального толкования. Это относится и к жизни вообще, и к Пути Святого Иакова. Погруженный в свои раздумья я иду дальше и вдруг оказываюсь перед Крус-де-Ферро (железным крестом) на высоте 1500 м. До цели остаётся 249 км. Тут я хочу задержаться, подумать, почувствовать и что-то сделать. Многие паломники, собравшись вместе, устремляют всю энергию в свою молитву. Энергия как таковая не бывает ни злой, ни доброй. Это люди определяют, что есть зло, а что добро. В зависимости от культурного или религиозного фона взаимодействие сил может оказаться разным. И кто прав? Основатели религий и философы пытались объяснить нам жизнь. Ведь отчасти что-то доброе в людях прибавилось и задержалось. «Слава богу!» – восклицают многие.

Есть столько вещей, о которых легче сказать, чем пережить. В общем, что же по сути является грехом? Именно об этом идёт речь на Пути Святого Иакова. Деяния как и бездействия (с или без воздействия алкоголя) поддерживают всеобщий закон равновесия.
Больше об этом – в «Карме» (реинкарнация).

◆ **Вкруг железного креста камушки лежат.**
   О грехах больших и малых знают, но молчат.

Паломники кладут принесённые ими камни на большую груду уже лежащих камней. Это символ сгруженных здесь грехов. Женщины пилигримы в этом, естественно, тоже принимают участие. И, как якобы говорил Иисус,

68

пусть тот, кто без греха, первым бросит свой камень. Честный человек, оставив здесь камень, как бы облегчает свою душу. Это что-то вроде исповеди. Такую возможность имеет каждый, кто хочет это сделать, вне зависимости от конфессиональной принадлежности. Наверняка есть вещи, которые собственными силами мы исправить не можем, но мы можем сегодня начать приводить в порядок другое, в том числе случившееся лишь вчера. Я начинаю! В общем-то, это давняя уловка человеческой натуры: сильно беспокоиться о том, что мы сделать не можем, вместо того, чтобы сделать то, что можем.

Я рекомендую во время пути проделать рентгеноскопию собственной души, а потом подвести итоги. Знать многое также означает – многое простить. А иначе, ничего не добьёшься. Раз – серьёзно, раз – с шуткой. У каждого ведь собственная жизненная установка.

Итак, мои любимые или не очень любимые соплеменники здесь, на этом свете... Что ж, почти у каждого из нас в подвале мрачновато. Опорожнить бы его, и почувствовать себя лучше. Во всяком случае, эта уборка стоит того. Попробуйте, и вы познаете это!

Я кладу свой камень, за который отвечаю, к Крус-де-Ферро, и, полностью владея собой, слежу за собой изнутри. Там постепенно растёт чувство облечения. Ах, я так рад тому, что я радуюсь. И это тоже присущее этому процессу свойство. Ну что, теперь я свободный человек? В ходе своей жизни я ещё раз убедился в том, что:

◆ **Чем позже ты придёшь к пониманию,**
тем дальше на корме парусника тебя занесёт в море,
тем больше тебе вновь придётся отыгрываться.

Чтобы выразиться на морской манер. Как уже говорилось, я побывал и в открытом море, и во многих странах. И всё же Путь Святого Иакова – это больше, чем только сумма километров, больше, чем сумма всех его частей. Хорошо, что так, в этом и есть смысл Пути. Я не хочу больше захлопывать никакую дверь, хочу только слегка её прикрыть. Это придаёт всем участникам любой компании более приятное самочувствие. Каждый совершает свои ошибки, чтобы на них учиться. Умение прощать – это свойство сильных. Важно то, что сейчас, и что впереди. Эй, на шлюпке! Buen Camino, Peregrino! And don`t forget the vino – tonight. Дальнейшая дорога ведёт нас через горы и долины. О, какая пытка! Но это всё ничего… следующий за этим отдых приносит такое наслаждение.

Неподалёку от железного креста некий Томас содержит совсем простенький бар вместе с турбазой «Де-Лос-Темплариос». Томас – яркая личность. В 1993 году, совершая паломничество в Сантьяго-де-Компостела, он остался здесь в полном одиночестве и укоренился в традиции тамплиеров. Ежедневно им проводится впечатляющая церемония в духе тамплиеров. Духовная атмосфера человека вне общества. Иначе говоря, – призыв к гигиене. На деревянной табличке я вижу 222 км. Но имеется в виду кратчайшая линия. Позже я услышу голоса и передо мной появится желанная турбаза. Здесь и сделаю привал, дабы пощадить свои ноги, но ещё и потому, что заметил вдали Катарину из Южной Африки и Элен из Швеции. Мне нравятся обе девушки, ну да, молодые женщины. В большом спальном помещении хорошая вентиляция, и, ни о чём не думая, я с облегчением погружаюсь в сон.

◆ **Мы приходим в этот мир по отдельности, чтобы заново встретиться.**

10.11.2011 Дорога на Понферрада
(примерно 17 км.) (пожертвование)

Мы встали и хотим двинуться в путь, но видим, что дверь заперта. Вот проклятье! Это сразу вызывает волнение, гул голосов усиливается, и затем – скрежет проворачиваемого ключа. Я снова констатирую, что люди всё-таки достаточно быстро впадают в панику. Заточение произошло по ошибке. Нет, это не общепринятая практика.

Дорогой последователь, перед сном – обход помещения. ОК?

«Никто полностью не понимает другого, ибо никто своими словами не подразумевает то же самое, что другой.»

Гёте

Дорога ведёт меня дальше. Часть её я прохожу с Катариной. Знаю, она совершает этот путь, чтобы найти для себя новые ориентиры. Мы говорим о смысле жизни, а это зависит от интерпретации. Существует множество разных точек зрения. Но чья верная? Этот интенсивный поиск трудный, он не приносит удовлетворения, да ещё с открытой в конце развязкой. И каждый совершает это паломничество к знаниям по-своему.

◆ **Человеку, чтобы стоило жить, всегда нужна хотя бы маленькая цель.**

Ну, это было бы уже что-то. Целью может быть сама дорога. И двигаясь от одной цели к другой, мы приходим к конечной цели. Пока что моя цель называется «Сантьяго-де-Компостела». Buen Camino, Peregrino! And don`t forget the vino – tonight.

Мы здороваемся с теми, кто слева и с теми, кто справа, и просто так поём песню «My bony likes over the ocean». И вот ещё что: цели себе мы должны ставить сами, а не то за нас это сделают другие. Но никто не хочет навязанную ему жизнь. По-моему, Катарине стало полегче.

◆ Перед отбытием поставь перед собой цель.
В противном случае ветер будет дуть не в том
направлении. Эй, на шлюпке!

◆ Порой человек ищет то, что никому не удаётся в
точности описать.

Пришло время для личных усилий. Я увеличиваю свою скорость и оказываюсь один на один с живой природой. Соответствующим образом реагирует и самовосприятие. Я всегда чувствую разницу в моём самовосприятии, когда переключаюсь с коллективного на моно-режим. И я буду этого придерживаться. То я перегоняю других паломников, то они перегоняют меня. Когда мне кажется, что поблизости никого нет, я пою, и потом иногда бываю неожиданно удивлён тем, что други подпевают мне. Замечательно! Это хорошо действует на всех пилигримов. Люди во многих отношениях живут не в согласии, а в противостоянии друг другу. Здесь же всё в порядке. Здесь так, как должно было бы быть везде, во всём мире. Меня часто посещают очень сильные, хорошие ощущения. Такое впечатление, словно плохой опыт без конца трансформируется в хороший. Это своего рода самотерапия. Стало быть, надо продолжать.

Я доковылял до Понферрада. Дорога здесь идёт под гору, но от этого не легче.

Какая-то сила заставляет меня ещё раз повернуться на 180 градусов. Совсем далеко наверху я вижу машущую мне рукой Катарину, которая затем трогается в другом направлении. Ах, да! Ведь с этого места она должна вернуться назад. Жаль. Я бы с удовольствием попрощался с ней вблизи, но я так сильно был занят собой, что не дал ей шанса меня догнать. Жаль! Девочка, пусть в твоей жизни будет много хорошего. И, быть может, мы ещё увидимся. Как-нибудь, где-нибудь, когда-нибудь.

> *«Всё вытекающее из любви находится по ту*
> *сторону добра и зла»*
> **Фридрих Ницше**

При входе в населённый пункт я обнаружил турбазу «Сан-Николас-де-Флюэ». Эта роскошная турбаза основана одним состоятельным швейцарцем. Щедро, чисто, с большой кухней. Но – очень недружелюбный, чванливый персонал. Остаётся только надеяться, что эта неудачно подобранная команда не навсегда. Она не совместима с таким шикарным сооружением. Все паломники жалуются, а эти недотёпы не понимают почему. Мы не даём испортить нам жизнь, и насколько только возможно, игнорируем этих типов. И таким образом, между паломниками происходит очень приятное общение, даже с незамысловатым пением. Да, это сила, это радость, которая явно живёт в нас и только совсем редко кого-то обходит стороной. Постепенно и здесь тоже становится тихо. Всем спокойной ночи.

◈   **Шагает радость по дорогам без боязни,**

а ей навстречу очень часто – неприязни.

Всё зависит от того, как ты с этим справляешься. И всё-таки побеждает радость. Или нет?

11.11. 2011 Дорога на Вильяфранка-дель-Бьерсо
(примерно 23 км.) (8 евро)

7:00, подъём и марш отсюда. Хотя, похоже, здешние служащие каким-то образом видоизменились. Возможно, ночью в их мозгу состоялся процесс преобразования, и вдруг стали заметны признаки улыбки. Хорошо, если сработало осознание. Но в памяти многих странников об этой турбазе сохранятся неважные воспоминания. Думаю, этим работникам стоит ещё разок пройти Путь Святого Иакова. Удачи!

В городе я, как обычно, балую себя чашкой кофе и хлебом. В течение уже многих дней паломничества это мой завтрак и мой полдник. Лишнее из «спасательного круга» превращается в энергию. По вечерам я слежу за тем, чтобы моим клеткам приносили пользу свежие, насыщенные белками продукты. Похудев уже на 8 кг., я чувствую себя здоровым и бодрым. Однако боли пока не покинули меня. Но они – следствие работы опорно-двигательного аппарата. И мне сказали, что это надолго. В конце концов,

Путь Святого Иакова – не прогулка. С другой стороны болями можно управлять. Никто не должен в обязательном порядке каждый день проходить 30 и более км. Но если это всё же происходит, то надо принимать и последствия. Очень важно пить побольше воды. Во время пути есть много возможностей для пополнения её запасов.

Принципиально важным я считаю здоровое питание. В конце концов я состою из того, что ем и пью. Нужно различать полезную еду и просто еду. Просто еда – поддерживает жизнь, а полезная – сохраняет жизнь и здоровье. Это разные вещи. Я ещё вернусь к этой теме.

Минуя все преграды, иду дальше. Иду с блуждающей болью, которая то уменьшается, то снова напоминает о себе. Но если она усилится и потребует моего участия, то следующая турбаза должна находиться не слишком далеко. Каждый, кто собирается в подобное путешествие, должен это учитывать. Теперь ко всему ещё открылись все небесные шлюзы, идёт сильный дождь, и за короткий срок я полностью, до нитки промок. Вот так раз! Пройдена примерно половина пути, а моя правая икроножная мышца отказывается идти. Что же делать? Нужно принимать какое-нибудь решение. Позади едет какой-то автобус. Но куда?

Я успеваю подойти к последней остановке, после которой его путь будет пролегать по сплошной пустоши.

Да, направление мне подходит и я жду автобус, так как решение уже принято. Я еду за 1, 20 евро в Вильяфранка, и моя нога говорит мне «спасибо».

«Как солнца свет и как тепло я принимаю,
так в точности я грому с молнией внимаю.»

Халиль Джебран

Впереди справа я вижу надпись «турбаза», она-то и станет на сегодня моим убежищем. Я попадаю на высококлассную турбазу. По всему явствует, что это бывшая фабрика. Я вновь встречаю Каро, Симона и Вольфганга из Ганзейского города Гамбурга. Они выполняют больничные услуги и открыты для духовных вопросов и ответов. Мы сидим вместе и наслаждаемся нашим общением. Немного пива, немного вина, а между тем – много единодушия и гармонии. Алкогольные напитки делают своё дело, и мы, и без того уставшие, постепенно ищем для себя горизонтальное положение. Прекрасный вечер заканчивается.

Вновь и вновь:

◈ **Между истиной и её трактовкой.**
  Между благословением и проклятьем.
  Между тоской по странствиям и тоской по дому.
  Между обособленностью и общностью.

12.11.2011 Дорога на Руителан

(примерно 22 км.) (5 евро)

Раннее утро. Поехали дальше! Я снова выбираю автономный модуль и подчиняюсь своей тоске по странствиям. Дождь не предвидится, лёгкая облачность и временами солнечный свет. Ах, от этого на душе сразу становится хорошо. То и дело в пути встречаются паломники-одиночки и небольшие группки. Всегда радуюсь возможности передать паломникам свой благостный привет и услышать соответствующее эхо. А потом с удовольствием снова остаюсь один на один с миром. Тогда ощущается перемена между общностью и обособленностью. А иногда – такое внезапное чувство боли в области сердца... Так, словно прощаешься с очень приятным тебе человеком или с какой-то ситуацией. А после, совершенно потрясённый этой одинокой, сказочной природой, я просто стою с бессознательно открытым ртом, потому что зачастую чувства не могут сами справиться с этим впечатлением. Ничего страшного в этом нет, поскольку почти каждому знакомо это состояние и понятен контекст: величие предлагающей себя в полной тишине природы вызывает благоговение. Именно так!

Да, в мои морские времена я часто переживал нечто подобное. Корабль чётко нацеленный на юг прокладывает себе путь сквозь фосфоресцирующую воду, а сверкающий серебристый лунный свет, отражаясь в воде, немного освещает обычно такую тёмную ночь. Так всё же несколько отраднее идти через ночную черноту. Эй, на шлюпке! И так, между тоской по странствиям и тоской по дому, сквозь прекрасный, распахнутый мир передвигаются очень многие.

А теперь вблизи населённого пункта меня догнали Каро и Симон. Мы вместе осмотрели турбазу, нам понравилось, мы решили здесь остаться, и нас любезно приняли два сотрудника. Это мало посещаемое место, но сие ведь почти ничего не значит. Вокруг нас довольно просторно, что радует. Да, а потом нам ещё предложили меню за 7 евро, и мы согласились.
Приятного аппетита! Con mucho appetito.

◈ **Хорошая еда**
   открывает двери и сердца.

◈ **Трапеза – это же некое просвещение в области вкуса?**

Подкрепившись, мы за разговорами прошлись по небольшому посёлку. Оказались перед единственным здесь баром и заглянули в него. В общем и целом – мило. Такая необычная, уютная кафешка с открытым камином. Вокруг моих ног, будто знает меня, всё время трётся какая-то кошка. Вот и ещё один чудесный день подошёл к концу. Спокойной ночи.

13.11.2011 Дорога на О` Себреиро

(примерно 12 км.) (5 евро)

◆ **Вмиг проснувшись, осенить себя крестом,**
  и затем с задором – вверх прыжком.

Снова и снова повторяя эти слова, я знаю, что живу. И на этом пути, который для каждого является чем-то вроде лечения, я живу с удовольствием. Я сравниваю это с постом, который частенько практиковал в дороге. Теперь совсем коротко о терапии. Пешие походы по-настоящему полезны для тела. Тут и двигательная терапия, и световая, и дыхательная, и пение-терапия (по желанию), и авто-психотерапия, и очистка от вредных веществ... И всё это без дополнительных расходов. С приходом возраста быть в жизненном тонусе – стоящая цель. В общем, относись хорошо к своему телу, чтобы, освежив тем самым душу, радоваться жизни. Вот такое моё мнение.

◆ **Самое важное в жизни – это всё-таки здоровье.**

Дорога проходит между нагрузками и их послаблением. Необходимо быть напористым, выносливым и иметь сильную волю. В процессе взаимодействия этих качеств всё становится крепче. Ты являешься суммой всех своих жизненных переживаний и даже более того. Так я говорю самому себе. Ну, ладно, 12 км. нагрузки на всех уровнях – для меня достаточно. Я заглядываю на одну большую, совсем старую турбазу. Тут всё заслуживает названия «достопримечательность». Легко представить, как здесь снимают фильм про мамонтов.

◆ **Людям пора отважиться на добрые дела и отказаться от скверных.**

Да, и мы, то бишь Каро, Симон, я и ещё некоторые паломники, сейчас пытаемся это сделать. Данное место находится на границе с Галицией на высоте 1300 м. И поскольку я его достиг, то немного горжусь собой. И как вечный студент могу себе это позволить. Подтверждая друг другу, какие мы всё же крепкие ребята, – наслаждаемся местным испанским вином. Но в какой-то момент в этой первозданной берлоге воцаряется покой.

14.11.2011 Дорога на Триакастела
(примерно 22 км.) (5 евро)

«Всё произошло из воды, и всё водой хранимо.»
Гёте

В соответствии с этим, наполнив бутылку водой, я каждое утро хватаю свой рюкзак и отправляюсь в путь. Перво-наперво – до ближайшего кафе-бара. Здесь эти небольшие, удобные кафе – всегда сборные пункты паломников. Подкрепившись и немного поболтав, один за другим или небольшими группками мы отчаливаем. По разным причинам того или иного знакомого я неоднократно встречаю снова. В любом случае, это доставляет нам настоящее удовольствие, и радует владельцев кафе, безусловно, живущих в небольших посёлках на эти доходы. Да, Иаков, ты сослужил им добрую службу, и меня не покидает чувство, что в свои тихие часы многие, очень многие люди благодарят тебя.

Поток тянется дальше на запад. Я погружаюсь в свои мысли о том, что паломничество можно сравнить с медитацией. Я вверяю себя дороге. Страсть к рекордам? Нет! Но всё-таки это одухотворяет. И потом истинный реалист всё открывает сам, а затем это уже становится его мировоззрением. Мировоззрение происходит из мировосприятия. Тому, кто считает, что у него есть собственное мировоззрение, не плохо бы также осмотреть этот мир. На суше, на воде, с воздуха, как угодно. Мы не всегда получаем от жизни именно то, что хотим. Иной раз взгляды на определённые жизненные события меняются. Думая о чём-то по-другому, ты и видишь это иначе. Я миновал множество перекрёстков. Некоторые с этим не справились или всё же справлялись, если рассматривать это как искупление. Кто на Пути Святого Иакова отделят себя от своего физического тела, тот быстрее попадает в некую приятную стихию. Здесь повсюду можно такое услышать. Мне бы хотелось поднять вопрос о том, существует ли жизнь после физической смерти? Один физический закон утверждает, что энергия не исчезает бесследно, что она только преобразовывается. Стало быть, куда же девается жизненная энергия? Я ещё вернусь к этой теме. А сейчас – назад к природе, к непосредственной действительности, к такой, какой мы её видим. Даже если мы видим ещё далеко не всё.

Ко мне приблизились Каро и Симон, и перед нами посреди живой природы появилось что-то вроде турбазы. Извне это пристанище производило очень приятное, идиллическое впечатление.

◈ **Фантазия нередко оказывается лучше реальности. Осторожно! Прежде чем навредить, неплохо бы включить голову.**

Мы посылаем Каро на разведку, и вскорости она жестами подзывает нас. На улице дождливо. Скорей в убежище. Дождь – это хорошо, но сильно промокнуть... в общем, всё зависит от порции.

Внутри всё тоже выглядит новым, гигиеничным, сверкающим чистотой. Мы смиряемся с тем, что нет ни кухни, ни автоматов с провизией, ни Интернета. Так что, паломникам надлежит отдать здесь богу душу? Короче говоря, тут всё новое, но не доведённое до ума.

◈ **Человеку не хватает лишь того, с чем он хорошо знаком.**

Что же пробуждает в нас желания? Итак, я настроился на аскетизм. Такому важному жизненному опыту тоже должно найтись место. Пока что я ничего не подозреваю. Но затем наступает ночь ужасов! Хлопающие двери, шум воды, надрывно орущие испанцы, беспорядки... Единственное, что здесь получилось складно – это складные двери, сделанные на западный манер. И никого из обслуживающего персонала. Они, верно, уже спали в подсобном помещении.

◆ **Решай проблему таким образом, чтобы из неё не возникла другая.**

15.11.2011. Дорога на Сарриа
(примерно 24 км.) (5 евро)

Встав рано утром, я радуюсь тому, что окончательно покидаю этот ужасный дом. Немного позже встречаю в местном кафе Каро и Симона. Мы единодушны, мы не дадим такого рода частностям испортить нашу жизнь. Я выпиваю свой кофе, съедаю хлеб и, прихрамывая, через посёлок выхожу на волю, на природу. Мне всё ещё требуется минут 20, чтобы боль утихла. А потом – всё снова хорошо и я полон бодрости. Знаю, что боль уходит с тем, чтобы позже появиться в другом месте. А ещё я знаю, что несмотря ни на что, я моему телу предлагаю что-то полезное. В общем, я продолжаю. Я имею в виду, продолжаю идти, и как договорено с моим телом, – идти радостно и спокойно. В перспективе меня ждут природа и турбаза.

Buen Camino, Peregrino, and don`t forget the vino – tonight. Ещё много-много раз я повторю эти слова и услышу их как зеркальный ответ.

Теперь я потихоньку приближаюсь к Сарриа. При входе в населённый пункт есть турагентство, и там имеется обширный список жилья для последних километров пути вплоть до Сантьяго-де-Компостела. Для меня это означает обратный отсчёт, для кого-то – только начало пути. Отсюда ещё 100 км. до места объятий в Сантьяго, чтобы заполнить там желанный сертификат для пеших паломников. Есть паломники, которые только здесь начинают свой маршрут.

Внимание, внимание! Я слышал, что для получения желанного сертификата, начиная с Сарриа, паломникам нужны по два штемпеля в день. Ладно, с этим я наверняка справлюсь. Итак, любезные пилигримы, будьте всегда честными. Даже, если нет контроля.

◈ **Границы возникают из-за страха быть пойманным. Пойманным на чём угодно.**

Я приземляюсь на муниципальной турбазе. Ни тебе освещения, ни тебе звёзд. Многие турбазы уже закрыты на зимнюю спячку. Я от этого города ожидал большего. Возможно, здесь есть места и получше, но я уже тут и буду довольствоваться тем, что бог послал.

Ещё раз повторяю слова о том, что если бы всё было зелёным, мы не знали бы, что такое зелёный цвет. И снова после приятного общения, как говорится, – «доброй ночи».

◈ **Свет обнаруживается в темноте.**

16.11.2011 Дорога на Портомарин
(примерно 26 км.) (10 евро)

◈ **Вмиг проснувшись, осенить себя крестом,
    и затем с задором – вверх прыжком.**

В этот раз – ещё дальше. Предстоящий обратный отсчёт пробуждает во мне дополнительные силы. По дороге на запад вдруг появляются всё новые и новые паломники. Это происходит за счёт тех, кто выходит, как я называю, на короткую дистанцию. Сарриа – своего рода узловая точка. И так по разным дорогам идём мы все навстречу одной общей цели. В 11:20 я прошёл 100-километровый камень, удалённый примерно на 6 км. от Сарриа. Теперь взаправду начинается обратный отсчёт. Теперь на склоне дня после напряжённой ходьбы и постепенно пробуждающейся боли я стою у моста. Наградой мне – впечатляющая панорама: там внизу лежит затонувший в Белесарском водохранилище город, а наверху – новый город. Тот, что внизу, демонтирован и заново возведён наверху.

Да, когда вода поднимается, – промокают ноги. Дорога ведёт наверх. Мне бы лучше сесть или лечь. Непрерывные подъёмы и спуски по холмам Галиции подтачивают силы. Местом встречи паломников является просторная ратушная площадь с её гранитными аркадами и пивнушками. Здесь перво-наперво я и приземлился. Там и сям – везде паломники, и наконец я вижу завернувших за угол Каро и Симона. Спустя несколько дней мы снова встретились и после небольшого отдыха осматриваем муниципальные и другие турбазы. О, боже! Как много паломников, сплошные паломника! Мы идём дальше, и вдруг к нам обращается молодая, красивая женщина. Она хозяйка собственной турбазы. Чисто, тихо, 10 евро, и мы соглашаемся. Большущая спальня, кругом полно свободного места. Притопали ещё три испанца, вот и всё. Заглянув в несколько баров, я позволяю себе пиво, закуску и разговоры.

И как обычно, всплывают вопросы о смысле жизни, о Создателе. Многие сидят вот так со своими хаотично спутанными чувствами и не знают, что делать дальше. Именно с такими пилигримами я перебрасываюсь парой слов или даже больше, и вижу, что им всё же становится как-то веселее. Вот такая она теперь эта жизненная установка. И вечные вопросы: откуда я, кто я, куда иду? Являюсь ли я тоже создателем, создателем своего собственного большого мира? Очевидно, мы живём в каком-то двойственном мире. Почему-то так. Наверняка для этого есть причина, творческий замысел. Если бы всё на свете было хорошо, мы бы не знали, что это хорошо. Всегда есть место и противоположному. Верно – неверно, неверно – верно.

◆ **Мы не всё слышим, не всё видим, не всё понимаем. Пока не понимаем!**

17.11.2011 Дорога на Палас-де-Рей
(примерно 28 км.) (20 евро)

Полное радости пробуждение, прекрасный кофе, тут всё замечательно. Силой забрасываю себе на спину рюкзак и «Buen Camino, Peregrino, and don`t forget the vino – (tonight)».

Следуя указателям Пути Святого Иакова, – неизбежная небольшая прогулка по городу. Ракушки Святого Иакова, жёлтые стрелки на стенах и тропинках, и я снова в плену живой природы. Множество указателей с обозначением километров делают доброе дело. Иной раз, остановившись перед ними, я быстро решаю насколько далеко хочу ещё продвинуться. Почти в каждой деревне имеется небольшой магазин. В общем, когда твой ржаной хлеб по отношению к бесконечности сократился, почти всегда есть возможность прикупить следующий метр (примерно 80 см.). В основном я обхожусь одной порцией. Еда должна быть местной, сезонной и экологичной. Хотя бы из уважения к крестьянам, к окружающему миру и, стало быть, к нашему потомству. Каждый несёт ответственность за то, что он делает или не делает. И для этого ещё требуется мужество.

В течение своей жизни человек пробует себя во многих добрых и дурных деяниях. Одни больше, другие меньше. Облегчить свою совесть не так-то просто. Словно где-то внутри нас уже существует «Страшный суд», который гонит нас назад в руки совести, дабы мы учились и исправляли свои ошибки. И даже если это срабатывает не у всех, то всё-таки многим нашим собратьям на этой Земле выпадает вполне ответственная миссия идти вперёд в качестве следопытов. Пусть тот или другой в какой-то момент жизни окажется маяком, на который каждый сможет положиться.

«И хоть все мы живём под одним небом,
это не значит, что перед нами одинаковый
горизонт.»
Пабло Пикассо

Теперь постепенно приходит время куда-нибудь приткнуться. Поход был очень напряженным. Болят правая икроножная мышца и правое колено. У входа в населённый пункт – красиво разместившаяся посреди природы муниципальная турбаза. Но подчёркнутое нерадушие женщины в регистратуре вынуждает меня идти дальше. И не только меня. Сидя за своим рабочим местом, эта женщина держится так, словно её вообще не заботит приём паломников. Наверное, ей мало платят. Но мы ей показали… Да, и такие чувства таятся в нас. Пусть уж Иаков простит. Для всех участников, прежде всего для тех, кто придёт после нас, было бы лучше заменить эту женщину. Быть может, маяком?

◈ **Любого можно заменить, но не любым.**

Теперь мне нужно ещё разок напрячься и доковылять до ближайшей турбазы. Слава богу, что у меня есть выбор. Добравшись до центра, констатирую, что две другие турбазы закрыты. В одной идёт перестройка, в другой – зимняя спячка. Каро и Симон тоже стоят тут в раздумьях, идти дальше к следующему селению или же вернуться? Нет, ближайший пункт слишком далеко. Мы разворачиваемся и видим какой-то пансион. Заглядываем в него. Нас приветливо встречают на немецком. Сделав общий обзор комнат, остаёмся вполне довольны. Я как одиночка плачу 20 евро за большую комнату с балконом. Спустя долгое время, на меня неожиданно обрушился комфорт. Душ, туалет, кровать – и всё для меня одного. Чудесное чувство, к которому я снова должен привыкнуть. Теперь я отдаю себе отчёт, и центр удовольствий включает зелёный свет! В конце концов я в течение многих недель осознанно не позволял себе ничего лишнего. Наслаждаюсь обильным душем и в изнеможении падаю в постель. Вокруг покой и тишина.

Я снова бодр. Короткий сон сделал своё доброе дело. Балдею от невозмутимости окружающей меня обстановки. Договорились с Каро и Симоном посидеть на моём балконе за бутылочкой вина. Ах, нам надо так много друг другу рассказать. Мы беседуем о Боге и обо всём происходящем в мире. Говорим о собственных переживаниях, мыслях и позициях. Порой сходимся на мнении, что лучше быть одному, чем в плохом обществе. Но с этими двумя – я всегда в хорошей компании. Самым дерзким образом утверждаю, что тут совпадает химия.

Мы смотрим на мир нашей очень специфической оптикой. Будь у нас глаза как микроскоп, увидели бы мы наших соседей и весь окружающий мир? И может ли вообще наш мозг переработать этот колоссальный поток информации? Думаю, у нас бы перегорели все предохранители и тогда, несмотря на огромное количество сведений, мы бы оказались в непроходимой темноте, неспособные даже распускать слухи. Слава богу, что природа одарила нас соответствующими чувствами и возможностями.

◆ **Ограничительные догмы ничего хорошего с людьми не делают, они делают их несвободными.**

Каждый имеет право думать, имеет право знать, но никто не должен навязывать другим свои взгляды. Слишком часто кто-то бывает опорочен только потому, что у него другая точка зрения. Всё равно, то ли это демократия с её свободными высказываниями, то ли что-то другое. Ну, прям-таки странно! Нынче можно было бы полночи напролёт знакомиться с людьми, однако я этого не делаю. Моё добровольное решение. Конечно, это ещё и болевые сигналы моего тела, которое требует покоя. И оно его получит. Доброй ночи!

18.11.2011 Дорога на Кастанеда

(примерно 25 км.) (10 евро)

Ох, как же мне хорошо утром! В таком случае, побреду опять один. Теперь километровые знаки – неотъемлемая составляющая пути. И всё время – число с нулём. Оно неуклонно снижается и действует ободряюще. Это всегда заслуживает короткой записи, ведь дорога проходит и через наше нутро тоже. Ну и тогда, пока я смело шагаю через лес, снова включается мой внутренний взгляд. Лес превращается в союзника. И если ты открыт ему, если впускаешь в себя, то ощущаешь, как из тебя сочится мир и спокойствие. Да, и ты обнаруживаешь, что растения обмениваются друг с другом информациями. Это происходит за счёт так называемых химических сигнальных веществ. Никакого секрета. Что он сказал? Ладно-ладно, так далеко я ещё не зашёл. Но должны быть такие чувствительные люди, которые как-то могут расшифровывать их сообщения. Тот, кто читает мою книгу и знает об этом больше, пусть обязательно свяжется со мной. Эй, на шлюпке!

За время пути я взял несколько крупных камней для моих детей. Несколько, не все. Разумеется, здесь есть некоторое количество барьеров, которые они, чтобы вырасти и преуспеть, должны преодолеть сами. Я прочувствовал это и физически, и духовно. Да, если это поможет!

И я вновь – среди прекрасных ландшафтов. Сначала – возвышенность, затем – долина. Знакомое чувство величия, когда стоишь на вершине. Даже сильно желая этого, ты ведь не можешь остаться здесь навсегда. Живя на свете, мы все находимся в пути и поиске цели, ради которой стоит жить. При этом возникают вопросы о смысле жизни, о жизненных перспективах. Человек ищет себя. В то же время, находясь в поиске, он уже что-то находит.

◈ **Человек не понимает, отчего ему в самом себе не удаётся установить равновесие.**

◈ **Истинное, стремящееся наружу величие находится
внутри.**

Теперь я в долине, и тут потихоньку начинаются мои
мучения. Болевой сигнал оповещает о перегрузке по
левому борту. Я снова благодарю Господа, потому что в
перспективе неподалёку имеется турбаза. Сдаётся мне,
Каро и Симон тоже исчерпали свой дневной объём нагрузки. Нас приветливо встречают в баре при турбазе.
Перво-наперво – пиво. Весь долгий день я пью воду, но
сейчас, сейчас я заполняю свои клетки по большей части
недооценённым, изотоническим напитком. Не следует
забывать, что организм в течение дня теряет много жид-
кости и, стало быть, соль. Пиво содержит в себе много
полезного. Единственное, что мешает, – это алкоголь,
которым так нагружена печень. Безалкогольное дрож-
жевое пшеничное пиво было бы сейчас самое то… Но его
здесь нет. И кроме того, только доза делает лекарство
ядом. Интересно, пил ли Иаков вино? В любом случае,
мы остаёмся на этой маленькой турбазе, которую очень
многие обходят стороной. Зато некоему меньшинству
достаётся много места. Единственное, что могло бы здесь
помешать, – это тишина.

◈ **Помехи бывают внешними, бывают внутренними, и
они часто обуславливают друг друга.**

Простое ощущение жизненной энергии – само по себе
прекрасное чувство, и внешняя угроза не должна ста-

новиться слишком большой. По рассказам туристов Путь Святого Иакова в различные времена тоже может представлять реальную опасность. Когда у некоторых ребят мало деньжат, они пытаются без ключа проникнуть на турбазу, чтобы стащить что-нибудь стоящее. Да и среди паломников попадаются не только невинные овечки. Периодически случается, что на утро какой-нибудь паломник недосчитывается денег. Какая досада! Внешне эта турбаза хорошо защищена, чтобы мы могли уверенно, спокойно отдыхать. Советую идти навстречу своей цели с открытыми глазами. Доверие – это хорошее дело, но и бдительность необходима. Это также воззвание к так называемым оптимистам. Оптимистом быть хорошо, когда это уместно. Но существует и негатив, от которого не избавиться. И всё же, совершая добро, можно воздействовать на зло. Тем не менее, определённый жизненный риск остаётся в силе, и мы вынуждены иметь с этим дело. Не познав зла, мы не узнаем, что такое добро. Таков он, этот двойственный мир, в котором мы родились. Но людям также дано задание – всегда стремиться приблизиться к божьему подобию. Обладая всем временем вселенной, мы, тем не менее, спешим сократить земные страдания. Вот по каким причинам человеческая душа всегда выпадала из единства всех вещей. Мы можем вернуться назад с помощью религии, которая и есть всеобщее единство. Это не имеет ничего общего с какой-либо церковью и её служителями. Никакой наместник Бога на земле, безусловно, тоже не может нам в этом помочь. Мне бы хотелось, чтобы служители церкви всего мира больше хлопотали за своих ближних и поменьше окружали себя роскошью. Многие паломники смотрят на это так же.

Самовосхваление помогает тем, кто стоит на обочине, не дальше. Что я понимаю под «ближними», объясню в другой раз.

Я с моей религией захожу в любую церковь и беседую с Создателем с глазу на глаз. Так я хочу, и точка. Это получается у меня в присутствии служителей церкви или без оных. При этом я хотел бы подчеркнуть, что есть церковнослужители, которые подают пример скромности и справедливости. Это маяки, показывающие путь другим людям. Они без всякого принуждения просто светят во время сильного шторма.

С одной стороны – коллективное безрассудство вплоть до всеуничтожающей войны. С другой – человечность среди врагов. Да, такие вот они, люди. А как обстоит с категорическим повелительным наклонением...? Ну, об этом тоже в другой раз. ОК?

Люди должны иметь мужество допускать зло и творить добро, чтобы зло не победило. Внимание! Добру тоже нужны границы. Доза, доза, в ней-то всё и дело. Свет заслоняет свет. Когда добро в избытке, оно перестаёт восприниматься. То, что сегодня является хорошим, завтра может стать само собой разумеющимся. Ах ты боже мой! Но так или иначе:

◈ **Зло не должно победить только лишь потому, что добро бездействует.**

◈ **Свет обнаруживается в темноте.**

◈ **Ищи Бога в тишине.**

19.11.2011 Дорога на Арка-Педрузо
(примерно 26 км.) (10 евро).

Подъём! Напряжение нарастает. Чашечка кофе, и вперёд. И снова в одиночестве. Мне хорошо с самим собой посреди природы. Так много мыслей, никто не мешает. Разве не выгодно? Ведь в случае необходимости и при соответствующем темпе можно снова примкнуть к остальным. Итак, указатели километража продолжают меня радовать. Правда, у меня есть чувство, что эти измерения – очень своевольные. Мне кажется, что за 10 км. я должен был бы продвинуться намного дальше. Но это упоминание – только на полях. Каждый указатель даёт мне какой-то прилив энергии. И снова мимо тянется группа корейцев. Однако они настолько заняты своими смартфонами, что не видят ничего вокруг. Google передаёт приветы. Но, несмотря на это, от случая к случаю я заговариваю с этими паломниками, и они всегда рады этому.

Моя корейская знакомая, эта маленькая молодая женщина, потерялась. Думаю, она рванула вперёд и, возможно, уже на краю Земли – в Кабо Фистерра. Ну-ну, я-то знаю, что это не конец света. Как часто с биноклем и с помощью радара я искал этот маяк, чтобы непременно пройти мимо него по пути на Юг. Эй, на шлюпке!

Возвращаемся на Путь Святого Иакова. Скоро я доберусь до своей цели, которая всегда у меня перед глазами. Да, а что потом? Что будет, то и будет. Предвкушение уже возбуждает волнение и смешенные чувства, которые не поддаются объяснению. И потом, существуют способные к самовоплощению пророчества. Так что, осторожно с ними! Люди блуждают между двух миров, в которых вблизи светящего солнца порой сгущается тьма. Иногда человек выставляет себя в таком свете, что другие остаются в тени. Тогда появляется пробивающееся сквозь тень солнце и снова даёт новую жизненную энергию и жизненное пространство.

◈ **Много заблудших, таких одиноких**
   бродит по миру, не зная пути.
   Бродят и бродят без верной руки.

Я прибыл на одну частную турбазу. В муниципальных – не вполне чисто, а частные, наоборот, зарабатывают себе звёздочки. Ура! Стефан из Гамбурга уже здесь. Давненько не виделись. Каро и Симон тоже решили насладиться этим комфортом. Здесь всё отлично. Остаться приглашает даже гостиная. Здесь имеется пиво и вино. Закрывается турбаза поздно. Но паломникам в койку, в любом случае, надо пораньше.

20.11.2011 Дорога на Сантьяго-де-Компостела
(примерно 26 км.) (12 евро)

Ах, боже ж ты мой! 7 утра. Темно, дождливо, неуютно. Сегодня хочу уйти пораньше. Как часто бывало, выпиваю стакан тёплой воды и сквозь темень пробираюсь вглубь леса. Стало так темно, что требуется карманный фонарик. Какой смысл в стакане тёплой воды, объясню в другой раз. Наконец дорога через лес приводит меня в долину, и вот-вот снова будет мой узкий батон хлеба из цельной муки без добавок и чашечка кофе. Никакого масла и ничего поверх хлеба. Единственная добавка приходит из значительно сократившегося тазобедренного пояса – так называемого «спасательного круга». Я чувствую себя лёгким и расслабленным. Наверняка я уже достиг своего нормального веса. Скоро стану на весы. Собственно говоря, чувствую, что возможен только счастливый сюрприз. Да, я доверяюсь дороге и всё же имею в виду другое. Многие пути ведут к Иакову. Я решился на этот, и с тех пор между нами возникла многообещающая связь.

Как часто случается в жизни, после подъёма следует спуск. Задыхаясь, подключаешь все ресурсы, и рейс через твою жизнь продолжается. Временами – это американские горки. В таком случае надо следить, чтобы у того, кто за рулём, не началось головокружение. Я посылаю в небеса коротенькую молитву, в которой прошу Иакова о солнечном свете. Не стану отрицать, я немного волнуюсь. Около 11:00 выхожу на поляну. Вот это да! Передо мной в солнечном свете – «Сантьяго-де-Компостела». Я чувствую себя победителем. Теперь во мне крепкое ощущение того, что ничего плохого меня больше не ждёт. В моём теле, в каждой его клеточке – радостный трепет. Почти забыты все трудности пути, и меня наполняют какие-то новые, дополнительные силы. Стоя с открытым ртом, я вбираю в себя отпечаток сильно впечатляющей панорамы. Иаков услышал мою молитву. Ведь солнце-то засияло! Спасибо тебе, Иаков.

Теперь длинная лестница ведёт меня вглубь предместья. Я высматриваю символические знаки Пути Святого Иакова. Виднеющиеся высокие башни, должно быть, относятся к кафедральному собору. Сейчас у меня появился дополнительный дорожный указатель. В 11:57 я поворачиваю за угол собора и, преодолев лестницу, в 12:00 при полном параде стою перед алтарём. Начинается богослужение для паломников. Ух ты, какое сильное чувство! Теперь действительно не может произойти ничего плохого. Я пришёл. Я здесь. Я есть.

◆ **Я наедине с основой всего сущего. Я есть.**
Большая церемония приветствий на нескольких языках, благословение, причащение. Звучит орган и песнопения. Всё величественно, впечатляюще. Да, этот путь пройден не напрасно.

> *«Я верю во всё, что мне понятно в религии и, не отвергая, уважаю остальное.»*
> **Жан-Жак Руссо, 1712-1778**

◆ **Человек всегда понимает ровно столько, сколько он способен осилить. И слава богу.**

И снова много знакомых лиц. Теперь, после богослужение для паломников, мы ищем бюро, чтобы получить долгожданный сертификат. Дорога туда обозначена не очень. Возможно, паломникам ничего легко не достаётся. Путь Святого Иакова – это вам не прогулка. Но сейчас я стою здесь, я в очереди, и с чистой совестью смогу предоставить моё удостоверение паломника (Credencial del Peregrino). После небольшой проверки мне выписывают и передают этот честно заработанный официальный документ, и я с благодарностью его принимаю. Что же делать теперь, когда цель достигнута? Зацепившая меня Фанни из Венгрии показывает мне отличную турбазу. Фанни здесь уже несколько дней и, естественно, знает больше меня. Я охотно пройдусь по городу в её сопровождении. Турбаза расположена вблизи кафедрального собора, но Фанни делаем небольшой крюк, чтобы показать мне достопримечательности города. Просто так. Разве это не мило? Пожилой мужчина и девушка. Но ведь такая история уже есть. Придя на турбазу, я регистрируюсь и после этого мы с Фанни сразу выпиваем по чашечке кофе. Теперь в моём распоряжении четырёхместная комната, в которой одно принадлежит мне. Таким образом, для Фанни тоже есть место, и она сможет уйти из своей перенаселённой комнаты. Вот так-то!

Вторая половина дня сегодня для того, чтобы «просто быть», размышлять, удивляться и удивлять. Вечером на турбазе небольшое веселье, гитара, песни. Я повстречал здесь одного старого паломника из Польши, который оттуда начал свой поход. Здорово!

❖ **В каждой жизни бывают дожди –**

и закалка для нас, и отвага.

В каждой жизни бывают дожди –

это, знаете, сущее благо.

Для любовной тоски место находится везде. И прямо здесь, в Сантьяго-де-Компостела, тоже. Две девушки из Австралии пытались утопить свою тоску в испанском вине. Да, как всегда, виноваты мужчины и тому подобное... Но постепенно всё затихает. Эта турбаза открыта круглосуточно. Но на сегодня – достаточно. Всем спокойной ночи. Утром хочу спросить Фанни, можно ли выносить мой храп. В конце концов, я ведь в самом деле, шаг за шагом, 10 кг. потенциальной энергии превратил в кинетическую. Конечно, всё получилось мимоходом, но как это меня радует! Теперь остаётся только побороть боль, и всё будет ОК. Обогащённый массой всевозможных впечатлений я погружаюсь в мир грёз, в котором, как известно, многое перерабатывается совсем в другой плоскости.

21.11.2011 Сантьяго-де-Компостела

9 утра. Думаю, пора вставать. Фанни потягивается в своей кровати. Ну, тогда быстренько в ванную, к обычным процедурам. Фанни находит мой храп приемлемым. Приятно слышать. Я объясняю это уменьшившимся в отдельных местах весом. У меня всё в порядке, я хорошо себя чувствую и лишь хочу кофе и мой горячо любимый хлеб.

В 12:00 – традиционное застолье для паломников в гостинице «Парадор». Хочу принять участие. Как хорошо ходить без рюкзака. Так легко, свободно, приятно. Чтобы оказаться среди отобранных гостей, обязательно надо пораньше появиться и предъявить сертификат паломника. В противном случае не стоит и пытаться. На мой взгляд приём был очень радушным, и я счастлив, что имел честь это пережить. В 19:00 – встреча пилигримов и прогулка по ночному городу. Вопреки многим мытарствам или именно из-за них, жизнь может казаться воистину прекрасной. Высоты, глубины, паломники. В прогулке принимают участие немцы, канадец, австралиец, испанец, бельгиец и, чтоб не забыть, шведы. Весело! С песнями, с суматохой. Все справились и все радуются этому. «Buen Camino, Peregrino, and don`t forget the vino». Перебирая в уме свою жизнь за время этого похода, могу с уверенностью сказать, что с удовольствием повторил бы его ещё раз. Здесь есть паломники, с которыми я сблизился больше, чем с другими. Это невидимая, присущая жизни вибрирующая связь душ.

> *«Слова объединяют тогда, когда давно уже*
> *совпадают волны.»*
> **Макс Фриш**

И наверняка сверху на нас доброжелательно взирает Иаков, или попросту меж нами витает его дух. А создатель всех этих возможностей – и без того в нас и вокруг нас, и он радуется за своих овечек и за своих волков, которые нынче немного присмирели.

❖ Хоть знаю я, какие испытанья приносят мне
   душевные терзанья, от них мне не уйти.
   Они как исповедь, как тяжкое признание
   даруют очищения плоды.

Мы рождаемся, живём и всё больше и больше осозна-ём физическую сторону нашей жизни. Так развивается наше самосознание, наше ощущение себя в окружаю-щем мире. Если всё идёт хорошо, – развивается чувство безопасности, уверенности в себе. Делая ошибки, – мы на них учимся. В какой-то момент человек с грустьюози-рается на жизненные этапы своего пути. Это значит, что он уже достиг определённого возраста. Вот так, стран-ствуя по свету, мы выходим на Путь Святого Иакова. Buen Camino, Peregrino! Эй, на шлюпке!

> *«There are two mistakes one*
> *can make along the road to truth*
> ***NOT GOING ALL THE WAY***
> *and not starting»*
> **Будда**

Большинство жизней проходит между «не всё ошибоч-но» и «лишь немногое верно». А между тем, – это ма-териал для жарких дискуссий. С уверенностью можно сказать, что истину ты не найдёшь, но достоверность... Была бы у нас возможность повидаться с Господом, – мы бы узнали правду, и тогда бы вели себя совсем иначе.

◈ **Чем больше ожидание, тем, пожалуй, жёстче разочарование.**

Негативные и позитивные мысли – это две стороны одной медали. Когда негативные блокируются, происходит резкий поворот в сторону позитивных. Не всем удаётся оставаться любезными и милыми перед лицом требований со стороны жизни. Без негатива нет и позитива. Не будь негатива, мы не узнали бы, что такое позитив. Да, вот такой он, наш двойственный мир. Почему? С таким же успехом мы можем спросить, почему существует гравитация. Её не видно, не слышно, однако она есть и влияет на нашу жизнь. Мы и электрический ток не можем увидеть, только его действие. То же самое относится и к жизненной энергии. И кто придумал этот мир?

◆ **Здесь, на Земле, поверь на слово,**
исчезнем мы, чтобы возникнуть снова.

Мы, люди, и развиты по-разному, и пути наши на этой Земле разные, но сдаётся мне, нет такого, идя по которому ты не почувствуешь себя одним целым с основой всего сущего.

БОГ! Я не могу доказать другим его присутствие, поскольку каждый должен искать и находить его в себе. Но и другие тоже не могут мне доказать его отсутствие. В конце концов БОГ – не существо с длинной бородой. БОГ, скорее всего, – «единица измерения», которую мы не в состоянии увидеть.

Поговорим об этом подробнее немного позже.

Если глубокая трансцендентальная медитация удалась, нас охватывает чувство существования в бесконечности. Это такое прекрасное, полное благоговения и лишенное страха состояние. Страх связан с объектом, и он нам известен. Тревога не связана ни с каким объектом. Она возникает перед чем-то неизвестным. Ты ощущаешь, что стоишь перед чем-то ужасным, но неуловимым. Таков он, «страх божий». Однажды я испытал это состояние, когда будучи спортсменом-ныряльщиком взглянул с рифа в сине-зелёную пучину. Сильнейшее впечатление. Ты ощущаешь немыслимый масштаб, который пугает и вызывает благоговение. Вот как это бывает.

◆ **Напрасны счастья поиски во вне.**
Оно, пока живёшь, – уже в тебе.

◆ **А если копишь ты одни лишь притязанья,**
то счастье дёру даст, прекрасное созданье.

Мне хотелось бы коротко поговорить ещё об очень естественном, о **пустоте**. В завершении этого пути паломники спрашивают себе: «А что теперь?» В них разрастается какая-то необычная пустота. Как же после такого расширяющего его воззрения путешествия паломнику опять встроиться в нормальную (нормальную?) жизнь? Одним это даётся легче, другим тяжелее, в зависимости от соответствующего внутреннего состояния до похода.

С некоторыми паломниками я вёл глубокомысленные беседы. Часто они были бесполезными или приносили удовольствие, но бывало, что вызывали и гнев. В некоторых из нас – слишком много «иметь» и слишком мало «быть» (больше об этом – в другом месте).

Типичны также суждения о себе в связи со своими идеалами, а о других – в связи с их поступками. Отождествляя других с тем, что у них не в порядке, мы наблюдаем за ними до тех пор, пока не отыщем какую-нибудь разницу между «нами» и «ними». Чужие добродетели не очень-то видны, они не представляют большого интереса. И на первый план выходит гнев и недовольство. Такого не должно быть. Движущая сила для перемен должна идти изнутри, однако толчок для этого часто приходит извне. Если ситуацию никак не получается изменить снаружи, то в некоторых случаях помогает изменение собственной внутренней позиции. Да, всегда легче сказать, чем сделать, но попытаться стоит. Высказывая свои суждениях о других, люди показывают своё лицо. Вдумайтесь в это хорошенько. Не всё, что человек делает, он делает хорошо. Зачастую ему не хватает мужества. Но вопреки всем взлётам и падениям, позитивная жизненная установка, поддерживая нас, облегчает любое преодоление проблем. И дай в полной мере проявиться своему детскому Я, даже если некоторые непонимающие это люди посчитают тебя придурковатым. Подчёркиваю! Свобода также означает свободу от мнения других. Кто хотел бы побольше узнать о детском и о взрослом Я, пусть поинтересуется трансакционным анализом психиатра д-ра Эриха Берне. Речь при этом идёт о психологии человеческих взаимоотношений. Эрих Берне очень точно к ним присмотрелся. Кому кажется, что раньше всё было лучше, – занимается Ф. Ницше. Толкования его «Тактики позолоты» указывают на то, что человек быстрее переваривает негатив.

◈ **Остерегайся жалости к себе и самооговора. Они не помогают выйти из кризиса, они только глубже загоняют в него.**

◈ **Кто ищет несчастье, тот его и находит.**

◈ **Сделав жизнь свою тяжёлой,
человек вдруг что-то понял.
Понял смысл жизни он
и вмиг выгнал тяжесть вон.**

Некоторых бегущих от проблемы, она, если только не успела разрешиться в пути, настигнет снова. Человеческие мысли склонны с возрастающим привыканием топтаться на одно месте. И таким образом, люди считают верным и само собой разумеющимся то, что таковым вовсе не является, а является лишь привычкой. А стало быть, иногда необходима помощь извне. Если речь идёт о верном выборе профессии, я хотел бы сказать, что развиваться стоит либо в направлении своих самых значительных интересов, либо осознанно интересоваться тем, чем хочется заниматься. Просто потому, что понимаешь, насколько это полезно. Нужно уже заранее знать, почему тебе следует или хочется что-то изучить. И ещё: путь к успеху не связан с лифтом, надо подниматься по лестнице. Мы ведь тоже не на автомобиле преодолели Путь Святого Иакова. Не так ли?

Это было путешествие к самому себе, и ты доволен. Значит оно получило благословение. Таков мой опыт, я рад и благодарен за него. Этот путь больше, чем просто путь, и я готов когда-нибудь его ещё раз пройти. Я ведь знаю, что боль всегда проходит. Знаю, что для тела, ума и души – это во благо, и что в конечном счёте каждый приходит к себе.

◈ **В жизни не так уж важно много испытать. Важно качество этого опыта.**

◈ **Удача – это когда ты достиг того, что желал для себя.**

Что сказал Гёте?

«Людей огорчает, что всё великое – такое простое.»

Да, если это так:

◆ Если всё великое так просто, ну, тогда будем все мы просто, просто – просто великими.

◆ Каждый берёт себя на руки и в руки. Ну, в этом есть какой-то шарм.

◆ А когда родители становятся странными, тогда дети, очевидно, с утра до ночи – подростки.

Несколько строчек из Халила Джебрана для паломников, ставших в пути парой:

«Никакие человеческие отношения не дают права одному завладеть другим.»

«Любые две души – абсолютно разные.»

«В любви или дружбе двое вместе поднимают руки, чтобы найти то, чего в одиночку никак не достичь.»

114

Медитация

Дорогой паломник, дорогой читатель, теперь я приглашаю вас пройтись ещё по следующим страницам. Есть вопросы, которые надо бы ещё прояснить. До скорого! Я не хочу об этом слишком много писать, но вот, что скажу: медитацию испокон веков описывают как самый короткий путь к самому себе, к трансцендентности земного в духовной сущности человека. Благодаря этому возрастает наша духовность, и мы ощущаем в себе симптомы Богопознания, и таким образом развиваем в себе то невыразимое счастье, о котором сообщали нам посвященные, великие мастера всех времен. Цель медитации –

❖ **отсутствие мыслей при полном сознании.**

Штурм жизни остался далеко позади. Никаких мыслей, никаких желаний, никаких обязанностей. Только покой. Если достичь этого состояния полной гармонии с собой и всем миром, то может даже произойти исцеление. Во всяком случае, после такого погружения ты становишься крепче. Так у каждого складывается свой собственный опыт. Когда впоследствии в глазах медитирующего я вижу сияние, – знаю, у него получилось.

❖ **Кто радоваться мелочам устал,**
  достоин сожаленья сам.

Одна и та же методика медитаций не может быть верной и успешной для всех. Поэтому, дорогой паломник и читатель этих строчек, коль скоро у вас есть интерес, – следует из обширной литературы по этому вопросу выискать и испробовать подходящую вам методику.

И если вы её найдёте, – это станет наградой вашей настойчивости. Тут надо сказать или предупредить, что пособия по методике медитаций не стоят и десяти евро. Понятно?

◆ **Не поискав, не найдёшь.**

Между тем, мне хотелось бы кое-что предложить: возьмём любое слово с позитивным значением. Ну, допустим, «свет» или «любовь», или «солнце»... Найди для себя какое-нибудь тихое место, сядь удобно на стул, свободно положи ладони на бёдра, закрой глаза и, подумав «свет», представь себе яркий свет. Через короткую паузу повтори то же самое, и так несколько раз.

Теперь «свет» – слово, с которым ты, как на лифте, спускаешься на самую глубину твоего сознания. Возникающие мысли пусть проходят мимо. Всё время возвращайся к «свету». Делай это до тех пор, пока не перестанешь думать о другом. Вот ты и погрузился в трансцендентность. И если ты до этого сам с собой договорился, то примерно через 20 минут автоматически вынырнешь обратно. Это и звучит просто, и так же просто осуществляется. Однако прежде чем ты пройдёшь через врата трансцендентности, может уйти много времени.

Этому всегда противостоит материальный мир с его приобретёнными привычками, некоторые из которых уже стали болезненной страстью. Они очень глубоко в нас зарыты, и мысли постоянно крутятся вокруг них. А мысли – это энергия, и она способна материализоваться. Посредством мыслей, слов, поступков и характера формируется твоя судьба. Разумеется, в нашем духовном арсенале имеются и другие пути, и другие возможности. И не следует забывать о карме, которая часто бессознательно призывает нас к действиям. Об этом – чуть позже.

Думаю, что власть мыслей знакома почти всем. Представь себе границу, и она уже принадлежит тебе. Представь себе что-нибудь красивое, и тебе становится хорошо. Представь себе нечто негативное, нет, лучше не делай этого! Кто ищет негатив, тот его находит. Но зачем? Если у тебя лёгкое головокружение, то не обязательно прогуливаться рядом с пропастью. Осознание опасности и инстинкт самосохранения связаны друг с другом. Готовый прийти на помощь духовный мир, конечно, поддерживает, но люди призваны собственные проблемы брать в свои руки.

◈ **Не сетуй на то, что темно. Возьми и зажги одну маленькую свечу.**

Если кто-то не ощущает Господа, то тут дело не в Господе, а в этом «кто-то». «О, боже мой!» – вот так, не задумываясь, походя взывать к Нему стало общим местом. Ах да, имелось же в виду совсем не это. А если кто-то не верит в Бога, тогда ему и религиозные праздники безразличны. Или нет? И со старостью тоже каждый должен познакомиться сам. Каждый в отдельности и вместе, и в любое время. Я желаю всем жителям Земли здорового старения, причём ответственность за это мы несём сами.

◈ **Старение – это динамичный процесс, всё время связанный с собственными чувствами, которые так или иначе несут в себе и ваши друзья, и ваши недруги.**

Божья задача

Мы говорим, что всё создано Богом или Творцом. Творить – значит созидать. Попробуем всё же это осмыслить. Итак, давайте-ка за кулисами отыщем знание. Нам, людям, для создания чего-либо нужны три вещи:

◈ **Идея** – соответствующая духовной энергии
  Сырьё – соответствующее предмету
  Рабочая сила – соответствующая деловой энергии

Когда архитектор хочет построить дом, ему необходимо представление о том, каким образом он будет это делать, и как новое сооружение должно выглядеть. Он должен знать, какой хочет использовать материал, с тем чтобы дом получился прочным, чтобы сопротивлялся любой погоде и ветру. И ещё он должен знать, кто и сколько рабочей силы для этого предоставит, и в конце концов, во что это всё обойдётся. Статический расчёт здания тоже должен быть точным. Затем, фиксируя все параметры, архитектор составляет план. И уже потом дом строится – создаётся. Это, можно сказать, акт творения в миниатюре. Впрочем, с моей точки зрения, деньги тоже являются временным состоянием энергии. И когда здание уже стоит, никто не посмеет отрицать наличие архитектора только по той причине, что он в данный момент находится на другой вечеринке. Или как там это называется?

Дух проявляется в материи. И всякий раз с новыми идеями. Но и в великом созидательном процессе должны присутствовать три составляющие. А именно:

Верховныи центр   (БОГ)
Души   (духовные существа)
Материя

Бог, Творец – единственная инстанция во Вселенной, которая вечно, неизменно владеет полным знанием о законах, ибо Бог никогда не вступает в связь с материей. Таким образом, во времена крайней необходимости и глубочайшего невежества, когда всё грозит утратить равновесие, Божья задача – вновь сообщить нам эти знания, чтобы с их помощью мы могли совершенствовать самих себя. Такова воля Бога. Его помощники – ангелы – духовные сущности, обитающие в высших сферах. Нам нужно только принять наших помощников, и тогда всё станет намного проще. Добраться до Бога и его помощников ты можешь только путём осознания. Совсем необязательно воспринимать духовные сущности акустически или оптически. Этого мы не можем, потому что у них, в зависимости от их собственного развития, совсем другая вибрация с совсем другой частотой. Напоминаю ещё раз о том, что мы не всё можем видеть и не всё можем слышать. Но определённым людям всегда удаётся настроить их приёмник на передатчик из Вселенной, дабы узнать больше других. Учти! Ты единственное живущее существо, которое может сказать «Я ЕСТЬ».

Любая жизнь реагирует на божественную энергию. Мировая формула звучит очень просто: БОГ! Аспектами этой силы являются эволюция, селекция и мутация. Речь идёт об одном и том же процессе: чтобы благодаря некой таинственной силе все части соединились в одно целое и это целое снова стало частицей более высокого процесса интеграции. Это согласуется между процессами:
социальной самоорганизации
экологической самоорганизации
биологической самоорганизации (рост)
химической самоорганизации (аутокатализ)
Анализ + цель = поступок, действие, а точнее – изменение.

Эта внутренняя автоматическая самоорганизация, она существует. Да, она есть даже у социальных систем, есть так же, как и у всех других. Вопрос только в том, куда это нас ведёт? Кто хочет узнать об этом больше, пусть прочтёт книгу Тайгера/Фокса «Приматы» – исследование эволюции поведения. Также могу посоветовать книгу Акселя Хоннета «Борьба за признание».

> *«Происходящее в природе, кажется, демонстрирует гораздо более высокую степень закономерных связей, чем в вымышленной нами их причинности.»*
> **Альберт Эйнштейн**

БОГ надо мной, подо мной, передо мной, за мной, рядом со мной и в моём сердце. БОГ во мне, и я в БОГе. Я един с основами всего сущего. Это успокаивает. Просветлению абсолютно всё равно, когда и как я его познаю, если вообще познаю. Полагаю, я должен ещё раз стать на Путь Святого Иакова. Для меня там, определённо, есть ещё многое, что можно заполучить.

Во всяком случае, если мы изучаем, к примеру, физику или химию, мы всегда изучаем что-то уже существующее. Меняются только наши знания, и таким образом также наше сознание. Воззрения возникают от вспышки знаний, которые доставляют нам радость и боль. Лучше бы – побольше радости. Мы, хоть и не всегда, но можем на это влиять. Окружающий нас мир мы познаём через противоположности. Именно так. Была бы кругом одна радость, мы бы не знали, не прочувствовали, что такое радость. То, что мир был создан двойственным, наверняка в какой-то мере связано с нами, с людьми. Поговорим ещё об этом позже. Простая вера помогает именно в неблагоприятных жизненных ситуациях.

«Вера – это мост от видимого к невидимому»
Мурали

«Моя вера заключается в смиренном поклонении Богу, который проявляется в мельчайших деталях материи.»
Альберт Эйнштейн

Для многих людей распознание видимого не представляет никакой трудности. Однако же невидимое, тишина – явно нагоняет на них страх. А значит, эта часть остаётся для них скрытой.

❖ **Это же настоящая насмешка! То, что ты видишь – это иллюзия.**

Аккумуляция (способность души вспоминать)

❖ **В конце концов и я творение Творца.
И всё же я питаю подозрение**

и часто голову ломаю,

как он такое сотворил.

И чую сердцем то,

что разум не осилит.

А после снова мысли в путь пускаю...

До самого до озаренья.

Тем не менее, я – тоже создатель. Создатель своего маленького мира внутри большого, внутри одной или более Вселенных. Микро – макро вселенных. Всё понятно?

Мы не всё видим, не всё слышим, не всё знаем и не всё понимаем. Пока не понимаем! Медленно, шаг за шагом темноту заполняет свет. Свет обретается в темноте. Озарение не предупреждает о своём прибытии.

> *«Людей огорчает, что всё великое – просто»*
>
> **Гёте**

◈ Простое часто оказывается сложным,

    а сложное – простым.

    Но если мы признали простое простым,

    тогда нам надо простым его и оставить.

Можно отрицать существование Бога, но нельзя это доказать. Если ты не веришь в Бога, тогда объясни мне, пожалуйста, откуда ты пришёл и куда идёшь. И прежде всего – зачем?

Откуда появилось всё, что нас окружает, откуда? А что, если существование Бога не поддаётся прямому доказательству в силу нашего сегодняшнего интеллекта. Но и обратное тоже недоказуемо. Не так ли?

Поставь перед собой границу, и она станет твоей.

Теперь мне хочется дать слово Максу Планку. Вот что он сказал во Флоренции в 1944 году по случаю научной конференции «Сущность материи»:

«Как физик, то есть как человек, всю свою жизнь состоявший на службе у сухой науки, а именно, исследуя материю, я уверен в том, что меня не считают экзальтированным человеком. И после моего исследования атома скажу вам следующее: нету материи существующей самой по себе! Все они возникают и существуют только благодаря некой силе, которая раскачивает элементарные частицы, и удерживает их вместе до самой крошечной солнечной системы атома.

Однако во всей Вселенной нет ни какой-то разумной, ни какой-то вечной силы. Таким образом, мы должны предположить, что за этой силой стоит некий разумный дух. Этот дух и есть первопричина всей материи! Невидимая, но преходящая материя является реальной, истинной, действительной, а невидимый бессмертный дух – правдой! Но так

*как дух тоже не может существовать сам по себе
и принадлежит какой-нибудь сущности, – мы вынуждены эту сущность принять.*

*Но поскольку духи не могут возникать сами по
себе, а должны быть созданы, то я не боюсь назвать этого таинственного создателя так, как его
называли все культурные народы Земли минувших
столетий, – БОГОМ.*

*Таким образом, мои уважаемые друзья, вы видите,
как в наши дни, когда больше не верят в дух как
первопричину всего сущего и поэтому находятся
в горестном отдалении от Бога, именно микроско-
пическое и невидимое, достав из ямы материали-
стических заблуждений истину, вновь открывает
двери в потерянный и забытый мир духа.»*

Макс Планк

Что я могу к этому добавить? Разве что – мы находимся
в хорошем обществе.

С тех пор как я наблюдаю за духовными целителями или
хирургами, я рассматриваю «духовный мир» как что-то
абсолютно естественное и в моей жизни появилось много друзей из этого мира. Да, всё отлично. Понимаю, что
надо ещё много работать над собой. И даже если мне
не дано увидеть «Бога», я тем не менее чувствую некую
«единицу измерения» ???, да, и больше я пока что ничего
не знаю. Пока что! В другом месте я ещё разок затрону

тему «духовного исцеления». Ибо духовные целители всего мира постоянно повторяют: БОГ исцеляет и делает всё это с помощью своих добрых духов.

А что говорят другие?

«Кто разбирается только в химии,
разбирается в ней тоже так себе»
Лихтенберг

Английский астрофизик сэр Артур Эддингтон объяснял:

«Материя мира – это материя духа»

Физик Вернер Гейзенберг в своей книге «Часть и целое» пишет:

«Квантовая теория является таким прекрасным
примером того, что можно совершенно ясно
понимать положение вещей и одновременно
с этим знать, что говорить об этом можно только
иносказательно, только выражаясь фигурально.»

Греческий философ Платон примерно 2 300 лет назад сказал:

«Истинный мыслитель более всего стремится к
познанию бытия..., он не ограничивается миром
явлений, чьё бытие – одна лишь видимость.»

В первом томе своего труда «Бог и случайность» Жан Мюссард пишет:

*«Быть может, атом материи –
это не более чем частица души.»*

И к вопросу о том, что из себя представляет материя в действительности:

*«Важнейшим результатом этого исследования
является утверждение, что отделить наше
представление о материи и духе невозможно.
После всех усилий материальный мир кажется
нам насквозь духовным и настолько лишённым
всякой вещественной реальности, что для
нас исчезла даже суть самого понятия. Она
растворилась в трансцендентности, оставив от
себя в конечном счёте только математическую
абстракцию. Природа внятно указывает нам на
то, что мир имеет духовную структуру.»*

Палеонтолог, антрополог и философ Тейяр де Шарден, высказывая свою точку зрения, говорит, что

«каждая частица вещества подчиняется атому души.»

Физик Зигфрид Мюллер-Маркус в «Бог возвращается» пишет:

«Невидимая душа элементарных частиц играет основополагающую роль в ядерной физике. Только мы не решаемся признать этот факт.»

Пол Чашард в своём труде «Естествознание и католицизм. Единство и противоречие духа и материи» отмечает:

«Всякая жизнь одновременно представляет собой и материю, и духовность. Духовность раскрывается не только в человеческом мозге, но и во всём материальном мире. Раскрывается пропорционально уровню организации, сложности и порядка.»

Физик Р. Е. Вэстенбругг в книге «Вторжения из космоса» объясняет:

«Материя, похоже, приближается к состоянию, являющимся исключительно духом. И это говорит о высокой духовности мироустройства.»

В этом месте мне бы хотелось указать на имеющееся в мире зло. Оно тоже обладает духовной природой и относится к нашей жизни. Зло находится в руках людей, и мы призваны помочь всем позитивным силам мира превратить его в добро. Не бомбами, а путём духовного развития.

Мир – поверх всех границ!

Я ещё вернусь к этому в «Карме» и «Реинкарнации».
И снова: Естествоиспытатель и философ Бернхард Бавинк в «Естествознание на пути к религии» пишет:

*«Возможно, что окружающий нас мир –
это материализация абсолютно
духовной концепции.»*
Цитата из 2 тома «Бог и случайность» Жана Мюссарда

Физик Ричард Фейман говорит о Вселенной как о некой

*«иерархии, которая от простейших атомных
структур через тончайшие духовные понятия
доходит до познания Бога.»*
цитата из «Жизни после смерти» Артура Форда

Ф.А. Фирсов в 1967 году пишет:

*«Существование материи и отсутствие души
– в высшей степени нелогичное утверждение,
которое далеко отстоит от познаний
современной физики, показывающей, что
материи в традиционном значении этого
понятия – нет.»*
**цитата из «Корня случайности»
естествоиспытателя и философа Артура Кёстлера**

С другой стороны:

«Разум является универсальной сущностью или взаимодействием того же типа, что и электричество или гравитация, и аналогично известному уравнению Альберта Эйнштейна E = mc² должен существовать модуль преобразования, приравнивающий менталитет к другим единицам физического мира.»
F.A. Firsoff – Life, Mind and Galaxis

С физической точки зрения элементарные частицы – страшно загадочная вещь. Некоторые из них обладают весьма необычными физическими свойствами. Так, например, у нейтрино только один импульс вращения, спин, но у него нет ни массы, ни электрического заряда. Он также не подлежит притяжению, гравитации и не бывает пойман или отторгнут электронными или магнитными полями иных частиц. Многие другие частицы кажутся настолько своеобразными и призрачными, что наука придумала термин «Strangeness» «странность».

Артур Эддингтон высказывается о том, что

«упорядоченное поведение отдельных частиц материи появляется, когда материя вступает в тесную связана с духом.
… поведение такой материи будет резко

В этом месте мне хотелось бы упомянуть, что предугаданная физиком Питером Хиггсом так называемая Хиггс-частица или Божья-частица таки была обнаружена. Это поразительно!

Похоже, в духовном мире есть разнообразнейшие возможности, которые могут воплотиться или быть автоматически проговоренными в мире материальном. Людям было бы полезно обнаружить и осознанно использовать эти огромные духовные потенциалы. В такой реализации мы имеем дело с творческим процессом, который из духовной энергии всегда производит материю различных видов. Даже уже проявленное, осязаемое состояние можно изменить за счет духовной энергии. В духовном мире возможным кажется всё, и благодаря духовному миру всё кажется возможным. И таким образом мы теперь получаем еле заметное представление о том, насколько возможны духовное исцеление или психо-хирургия. Я сам испытал это и знаю, о чем говорю. Потерпите ещё немного, и в главе «духовное исцеление» я коснусь этого подробнее. Ибо целительство – возможно! Репетиции проходят за кулисами.

Наука и мистика

Оба эти направления не исключают друг друга. Они, скорее, идущие рука об руку братья. Условием для их позитивных деяний и существования является свобода, которая также означает свободу от чужого мнения. Нам следует освободиться от манипулятивных требований других, вынуждающих нас к формам поведения, противоречащим законам человечности и сосуществования . На мой взгляд права имеют не толко люди, но и животные. Человеку всегда аукнется то, как он обходится с другими живыми существами.

Дух времени – это выражение мышления, поведения и действия каждого отдельного сподвижника какой-либо эпохи. Каждый человек, осознанно или нет, ответствен за дух времени. Точно так же за счёт жизненной теории и практики людьми всех эпох создается дух времени, который в повседневном обиходе ведет к соответствующим ему действиям и реакциям. Трудно всё делать правильно, когда не знаешь, что такое «правильно». Ну, и что же это?

◈ **Действиями можно это измерить,**
  По реакциям можно это узнать.

На дух времени влияют установки научных теоретиков, которые будучи членами своего общества интегрированы в эту жизнь. В жизни все теоретические установки о нормах человеческого поведения и вообще о правилах игры формируются временем, в котором они возникают. Все окружающие нас вещи мы преимущественно видим только субъективно и не способны к объективной оценке в долгосрочной перспективе. Причина – человек не может надолго стать для себя объектом. Сложившаяся в нас картина мира является результатом личного переосмысления всего опыта, собственного жизненного уклада. Наше мышление и образ жизни развивают в нас своего рода поведенческий шаблон. А он возникает из-за двойственности наших наклонностей и проступающего сквозь время, в котором мы живём, индивидуального отпечатка. Однако время в свою очередь тоже результат мышления и поступков каждого из нас. Думал ли ты уже сегодня? Смеялся ли уже? Тут мы имеем дело с разнообразной игрой сил. Причина и следствие – взаимозависимы.

«Миру угрожают не злые люди, а те,
кто допускают зло.»
А. Эйнштейн

Новый дух времени:

Чужие установки, принимаемые часто неосознанно, являются отправной точкой для манипуляций и агитации. Но легко манипулировать можно только невежеством. Для возникновения нового духа времени необходимы осведомлённость и зрелость всего общества. Должно прийти новое сознание.

Хочу здесь повторить: быстренько посылайте всех пройти Путь Святого Иакова. И прежде всего – власть предержащих. Возможно, у кого-нибудь всё же изменится образ мыслей. В этом месте я хочу пожелать расцвета всем воззрений, которые зачастую бывают диаметрально-но противоположными и обуславливают друго друга. Взгляните на работу шестерёнок.

Что говорил Альберт Эйнштейн?

«Проблемы никогда не решаются тем же способом мышления, который их создал.»

Сознательная ответственность вырастает из знаний. Дух времени доказывается фактами, которые мы создаём уже своим существованием в этом мире. Жизненные нормы и общественный порядок (или беспорядок) формируются людьми. И им всем надо бы жить в соответствии с 10-ю заповедями. Я думаю, тогда был бы рай на земле.

Но кому это надо? Чтобы что-то изменить, чтобы создать новый дух времени, нам необходимо стать свободными. Свобода – это очень личная вещь. Как только мы вынуждаем себя к жестким, не способным к преобразованию нормам, – безразлично кем созданным, нами или другими, – мы больше не вполне свободны.

◆ **Окружающий мир, воспринимаемый нами отдельно от собственного «я», действует на нас так, как мы сами его в себе приготовили. Индивидуум и Вселенная связаны взаимными отношениями.**

Личная свобода и зрелость возникают благодаря осознанию. Всё, что нас окружает, мы воспринимаем чувствами, посылающими сигналы нашему рассудку. Рассудок сообщает нам, что мы видим, слышим, обоняем, вкушаем и чувствуем. Осознав эти впечатления, мы формируем собственную оценку чувственных восприятий изначально важную только для отдельного человека, но в результате возникшая поведенческая матрица, материализуясь в мышлении и поступках, отражает и наш образ жизни.

Из окружающей среды каждый из нас более всего вбирает то, что в его жизни имеет наибольшее применение.

Уэкскюлла

◆ **Отчего человек не может в самом себе найти никакого равновесия, он не знает, не видит, не слышит и, следовательно, это его не обременяет. Но и не приводит к так необходимому для него дальнейшему развитию.**

В процессе становления сознания воспринимаемое нами можем быть принято за его противоположность. Благодаря позитивной обработке воспринимаемого мы можем понять схему действий, которая полезна нам и внешнему миру. Если вот так наблюдать за Землёй с её обитателями, то негативная обработка, увы, приведёт к хаосу и страданиям. Хорошо понимаю, что такой отчаявшийся человек, конфликтует с БОГОМ. Хотя ситуация таким образом ничуть не улучшается.

А вот на Пути Святого Иакова – мир и согласие.

Из суммарных духовных потенциалов людей одной эпохи возникает воплощённый дух – Дух Времени. Следуя выводам естествоиспытателей, этот воплощённый дух – не только теория. Таким образом, каждый отдельный человек и вообще всё является материализацией духовного фонда.

Английский астрофизик сэр Артур Эддингтон поясняет:

«Материя мира – это материя духа.»

Дух – это не какая-то там фиктивная идея мечтателей. Он вечен, а материя постоянно меняется. Дух может прекрасно обходиться без тела, однако ни одно тело не существует без духа. Так что мы живём в одухотворённом мире. Союз души и тела существует исключительно за счёт взаимоотношений материи и духа. Чтобы это познать, необходима особая форма интеллекта. Нужна некая смесь из реального осознания и интуиции. Такой интуиции, посредством которой высказывается выдающийся интеллект. Это нуждается в трансцендентности. Физик Макс Планк говорит о прямом и опосредованном пути к Богу. У одних он лежит через естественные науки, у других – через святыни или совесть. Оба рассматриваются им как варианты сходного начала.

Область религиозной встречи с Богом Макс Планк видит как изнутри возникшую субъективную территорию, где человек – актёр, а область науки – как квази-объективную, пришедшую извне, где человек становится зрителем. В мире науки, где человек зритель и всё воспринимается через классические чувства, разработанные теории наряжаются в соответствующие логическому мышлению математические формулы. И то, и это кажется нам нормальным. А кто тикает как-то не так, тот, чего доброго, может угодить в дурдом.

Однако при объяснении квантовых явлений приходишь к выводу, что объективная реальность в действительности не является овеществлённым миром. Мир – это плод наших мыслей и целесообразная форма для упорядочения наших познаний. Он объясняет нам, что знания о нём не соответствуют истинной реальности, а только являются выражением того, что мы под этим хотим и можем себе представить, как мы, стало быть, видим окружающие нас вещи. Итак, посредством чувств люди пытаются создать некую норму, с которой они ограничивают и изменяют мир в его выразительных формах, но при этом, как говорит Джон Локе:

«истинная сущность вещей остаётся закрытой».

◈ **Настоящая насмешка! То, что ты видишь, – это иллюзия.**

На то, что я здесь пишу, влияют сообщения живущих на Земле медиально одарённых людей. Сообщения из «духовного мира». Духовные сущности, имеющие своё место обитания, охотно вступают в контакт с людьми. В зависимость от квалификации они занимают различные сферы и легко проникают в глубинные, но не в любую из возвышенных, ещё не проработанных ими сфер. Да, так нам рассказывают.

Больше узнать о благотворном сотрудничестве между духовными сущностями и людьми вы можете в главе «Духовное целительство», где я хотел бы подчеркнуть, что многие духовные сущности уже были здесь, на Земле, людьми. Не пугайтесь, я не нахожусь под воздействием наркотиков.

Итак, человек должен осмелиться на свой собственный путь. Этот путь ведёт к пониманию концепций всех главных религий из центра единства к миру противоположностей, дабы затем, в какой-то момент упершись в их границы, вернуться к своим истокам. Это описанный в Библии пример, когда после изгнания первых людей из рая (синоним «единства») они получили наказ подчинить себе Землю. Так и произошло. Затем следует заключение Христа:

«Истинно говорю вам, если не обратитесь
и не будете как дети, не войдёте в Царство
Небесное»

Короче говоря, выйдя в полярный, напряженный мир, необходимо, так сказать, пойти по стопам блудного сына, по которым прошли Прометей, Парцифаль и все остальные сказочно-мифические герои. И только очень далеко, на периферии «магического круга» – мандала, где наибольшее напряжение, возможно достичь точки возврата. Душа начинает возвратный путь домой, который, как блудного сына, приведёт её к отцу, к единству. Вот тут и становится понятно, почему индийцы говорят, что путь человеческого развития ведёт отсюда досюда – из центра мандалы в центр мандалы. Мандала окружает центр. (Тибет)

Говоря христианским языком:
Выгнанные из рая должны в него вернуться. Когда блудный сын вернётся домой, будет великий праздник, ибо он сделает великое дело. В соответствии с наказом – мы не останемся детьми, мы снова станем как дети!

Путь развития требует от нас не столько усердия и адаптации к чужим законам, сколько мужества идти своим путём и риска принять для себя свой собственный закон.

И всегда должно действовать:

◆ **Не вреди никому! И в том числе себе самому.**

Духовное целительство / психохирургия

По различным и понятным причинам люди задаются вопросами о происхождении жизни, о её смысле и цели. Кто я – откуда пришёл – куда иду? И что, собственно, всё происходящее значит? Ключевым вопросом в этой связи является вопрос о том, есть ли продолжение жизни после смерти. Сторонники почти всех религий, надеясь и страшась, полагают, что со смертью жизнь не заканчивается. Английский спиритуализм не удовлетворен теологическим спиритуализмом по этому вопросу. Уже давно нет такого вопроса, а есть уверенность в том, что жизнь продолжается в какой-то иной сфере.

Слово «смерть» означает распад материального тела. Душа же – освобождена, выпущена на волю и возвращается в свой большой дом. Она побывала только в одном школьном классе жизни. Живые или умершие мы всегда есть и остаёмся духом внутри сущности. Дух лишь переселяется из одного тела в другое. Но там, где сохраняется гармония, там возможен контак между воплощённым и потусторонним духом. Так было, например, между Карлом Майем и одним известным, вдохновившим его индейцем. И Гёте тоже был одухотворён, когда заявил: «меня написали»

И в частных посиделках, и публично многие медиально одарённые люди демонстрировали связь с миром духов. Последствия для нашей личной жизни, вытекающие из этой уверенности, безусловно, весьма значительные. Глубокая внутренняя радость, вера и утешение при физической утрате любимого человека сопровождаются сильным чувством ответственности за насущную жизнь, за наших соплеменников да и вообще за всю планету. Основанием для доказательства «жизни после смерти» является спиритуализм – медиальная предрасположенность, которую мы все до одного в определенной степени можем в себе развивать, а некоторые – вплоть до совершенства.

С помощью высокоодарённых и высокоразвитых медиумов это возможно. Сообщения от умерших родственников, от сущностей из духовного мира, которые не мог бы выдумать никакой шарлатан, потому что они слишком личные, и не могут быть известны медиуму. Такая одарённость означает способность к восприятию скрытых в наших пяти классических чувствах вибраций, излучений, длинных волн. Медиумов то и дело сравнивают с радиоприёмниками или телевизорами, которые способны воспринимать звуковые и световые волны, способны настраиваться на передатчик. Если медиум настроился на длинные волны духовного мира, – тогда сообщается, что он слышит и видит без применения своих глаз и ушей. В ранних культурах, когда люди жили в более тесной связи с природой, такие способности развивались в гораздо большей степени. Можно предположить, что с возникновением современной цивилизации и связанным с этим неестественным образом жизни, такие способности постепенно исчезают.

Поворот к материально-физическому миру как следствие картезианско-ньютоновского мировоззрения тоже не способствует представлению о неком духовном мире, который соткан из намного более тонкой пряжи чем тот, что мы знаем с грубо-материальной стороны. Декарт и Исаак Ньютон пропагандировали в те времена чёткое разделение материи и духа. И всё же представим себе вот что: не замечая этого, мы изо дня в день проходим через воздушный океан разнообразных газов. Зримо или незримо мы воспринимаем что-то из этого положения только когда меняются некоторые физические параметры. Мне хотелось бы здесь указать на модель состояний Далтона (Dalton). Твёрдое – жидкое – газообразное. Ну да, потом в какой-то момент ещё столкнулись с плазмой.

По утрам мы ещё можем петь «Мы гуляем по горам...», а немного позже, когда восходит солнце и поднимается температура, мы топаем сквозь влагу, которая до этого лежала на листве, а теперь – в воздухе, но мы её не видим. Мы идём сквозь неё и мы ею дышим. В соответствии с температурой в воздухе её то больше, то меньше. В метеорологии говорят об «относительно влажности воздуха», об «абсолютной влажности воздуха» и о «точке таяния».

Мне не хочется сейчас углубляться в эту тему. Только ещё вот что: каждый едущий через пелену тумана знает, как стремительно может измениться это положение. Туман рассеется, водитель машины с облегчением вздохнёт и нажмёт на газ. И так до следующего изменения атмосферы. Итак, материя не перестаёт существовать, когда она становится невидимой для наших глаз. А духовные сущности не могут быть доказанными только потому, что наши неподготовленные органы чувств не могут их заметить.

То, что мы так часто принимаем за ничего, за пустоту, – никакая не пустота. Нет? Хотя материя преимущественно состоит из пустоты, эта пустота – значимая. Между ядром атома и электронами есть очень много места. Да, и между тем – это важная пустота.

Ещё раз немного яснее: если перейти на уровень молекул, из которых состоит всё материальное, то прорвёшься в царство атомов. Атомы состоят из электронов и ядра. Электроны, словно кабинки карусели, вольно мчатся по близким и отдаленным орбитам вокруг атомного ядра, что они характеризуются не как твердые тела, а скорее как вибрации. Пространство между ядром атома и электронами всегда соразмерно велико. Представим себе ядро атома как лежащий в центре футбольного поля орех, вокруг которого вращаются электроны с диаметром песчинок, находящихся на всём футбольном поле. Всё пространство между ними пустое, вакуум образованный из потенциала напряжения зарядов: плюса и минуса. Эта вибрирующая пустота является магнитным полем. Множество маленьких магнитных полей складываются в большое вибрирующее магнитное поле наподобие того, как отдельные музыкальные инструменты образуют большой оркестр. Всё существующее на Земле и во всей Вселенной прежде всего состоит из этой мнимой пустоты. Думаю, этого достаточно для понимания.

Ещё одно небольшое обобщение:
Получается, что в «ничто» тоже что-то есть, так как если бы его не было, то не было бы и «ничто», и тогда не было бы и «не-ничто». Ведь так? Стало быть, когда мы видим «не-ничто», а значит материю, мы преимущественно смотрим в «ничто», из которого она состоит. Да, такие вот взаимозависимости, взаимоотношения. Эй, на шлюпке! И кроме того, каждый день мы находимся в окружении новостей, которые можем получить только с помощью специальных технических приборов. Некие умельцы сма-

стерили эти приборы, потому что знали о возможности отправить в путешествие что-то невидимое и неслышимое, а потом снова поймать. Что-то невидимое посылается с помощью чего-то невидимого и становится видимым. Вот это да! То же самое происходит и со звуком. Знаю, всё это само собой разумеющиеся вещи. И процесс развития людей, очевидно, всё время набирает обороты. Благотворные сущности могли бы защитить нас от головокружения от успеха, с тем, чтобы мы постепенно стали замечать, чем рискуем, что стоит на кону. Что человек всё-таки нечто большее, чем только конгломерат битов и байтов.

Итак, стань на Путь Святого Иакова, и это освежит твои мысли.

◈ **Без понимания нет перспективы на другие воззрения.**

Здесь, на Земле, власть должна находиться в руках самых умелых, дельных и порядочных. Никто не должен быть угнетённым, но и превосходства тоже никто не должен добиваться за счёт других. Хотел бы эту мысль ещё раз здесь подчеркнуть.

◈ **Никто не должен быть угнетённым, но и превосходства тоже никто не должен добиваться за счёт других.**

Мы находимся под постоянным наблюдением негативного «духовного мира», но, слава богу, также и позитивного, к которому нам надо бы почаще обращаться. Они оба рады в любой момент прийти нам на помощь. И помогают они бесспорно посредством медиумов – экстрасенсов. Нам следует знать, что качество духовных сущностей бывает разным, в зависимости от сфер, из которых они шлют свои сообщения.

С квантовой физикой 20-го века вновь началось время, когда можно было без страха говорить о длинных волнах, вибрациях и энергии. Всё – энергия. И материя – это ничто иное как энергия в особой уплотнённой форме (см. главу «Божья задача»). Так нарождался новый дух времени (см. главу «Наука и мистика»). В то время в Англии спиритуализму было уже около 50-ти лет. Его представителей, публично пояснявших свои убеждения, часто высмеивали. С распространением в течение первых десятилетий 20-го века новых научных знаний ситуация, слава богу, изменилась. Никто не должен совершать ошибку, отвергая что-то, чего он не понимает, не знает. Ведь таким образом толку не будет.

◈ **Смотри-ка, друг, какая штука:**
   без пониманья жизнь – не жизнь, а мука.

С духовной точки зрения величайшее открытие 1964 года принадлежит Джону Беллу, и известно как теорема Белла. Учёный смог доказать, что образовавшие однажды пару электроны, даже если они разделены бесконечными расстояниями, по-прежнему влияют друг на друга без какой-либо задержки. Таким образом, становится понятно, что Вселенная зиждется на всеобъемлющей силе. Вне пространства и времени. Теорема Белла показывает, что все предметы Вселенной напрямую влияют друг на друга, что сотворённое – это сплошная сеть. Кажется, даже если всё изменится, универсальная духовная верность останется невредимой. Вот так-то!

Общедоступные медийные показы:
Со смешанными чувствами я принимал участие в некоторых заседаниях, которые проходили в Англии и Германии. При этом приглашённые медиумы, обращаясь к отдельным участникам из публики, передавали им послания от умерших родственников или друзей. Даже на незадействованных участников производило сильное впечатление подтверждение личных сообщений. Это всегда значило, мол, «приходите без особых ожиданий, но с внутренней готовностью, что духовный мир свяжется с вами». Мне не довелось быть среди вовлечённых, но я хорошо видел и слышал, как задействованные участники были до слёз взволнованы, столкнувшись с полным соответствием.

◈ **В первую очередь лечи душу!**

Теперь – о Стивене из Англии. Стивен – психохирург, и примерно за 5 минут он с помощью колдовства изгнал мой ячмень. Магия? Я не ощутил никакой боли, мой страх рассеялся, как туман, и я, словно попав в какое-то энергетическое поле, почувствовал себя очень хорошо. Стивен орудовал только ложкой. Осторожно посмотрев в зеркало, я не обнаружил ни опухлости, ни покраснения. Это произвело на меня сильное впечатление, я был рад и счастлив, и весь мир казался мне прекрасным. А Стивен уже занимался следующим больным. До него от этого ячменя меня пытались избавить три окулиста. Один из них пытал счастье с помощью местной анестезии и скальпеля. Было очень неприятно, больно, и через месяц на том же месте опять появился болючий ячмень. Никакого результат при больших затратах. Стивен смог мне помочь с помощью простой ложки и духовного мира. Большое спасибо ему и невидимому нам позитивному духовному миру.

Всё-таки он вокруг нас есть. И если мы пожелаем и ментально на него настроимся, то сможем установить с ним контакт. Этого можно добиться благодаря простой глубокой медитации. Во всяком случае, мой ячмень давно уже не даёт о себе знать. И Стивен продолжает указывать на Божью милость, которая внутри нас. А снаружи ничего нет. Я понял, что я – **в Боге, и Бог–во мне. Я есть то, что я есть.**

Я – одно целое с основами всего, что существует. Тогда мы все – дети мироздания. Более того – мы просто Божьи дети. Нужно ли мне понимать это до мельчайших подробностей? Думаю, в этом нет необходимости. Давайте просто доверимся опеке Создателя и, творя добро, поддержим его план. Создавать – значит, творить. Дел полно. Начнём же!

Мне захотелось познакомиться ещё с некоторыми другими духовными целителями и подсмотреть за ними во время их работы. Таким образом, я побывал у Джо на Филиппинах и у Джона в Бразилии. Джо работает так, что видна кровь, а Джон – преимущественно бескровно, но оба излечивают. Я бы хотел сейчас указать на то, что помочь можно не каждому. Согласие или отказ от исцеления определяет карма, а за неё несёт ответственность сам человек. Повторяю ещё раз:

❖ **То, что я или другие делают или не делают, не освобождает меня или других от (само-) ответственности.**

Каждый целитель свидетельствует, что Бог лечит. И я подтверждаю это. Мне помогли, другим помогли и в конце концов всегда помогут, вылечат, независимо от того, верите вы в это или нет.

Никогда не исключается и самоизлечение, достигаемое, должно быть, за счёт силы воображения или самовнушения. Кто разбирается в самовнушении и аффирмации, тот знает, что это возможно. И хороший гипнотизёр при психосоматических расстройствах тоже может добиться отличных результатов. Для врачей традиционной и альтернативной медицины цель должна быть одна – здоровье пациента, поскольку речь идёт именно об этом. Такая совместная работа уже есть, но желательно, чтобы она развивалась, имела перспективу.

Да, имеется ещё один таинственный целитель. Мы все его знаем. Это время, которое мы снова и снова тратим. И тем не менее оно лечит наши раны. Как оно это делает? Есть ли у него власть над нами? Но в это углубляться мне бы сейчас не хотелось.

«Как «вверху», так и «внизу» –
говаривал Гермес Трисмегист.
Но где у центра находится верх, и где низ? Подробнее об этом – в другом месте.

◆ **Говорящий правду, никого не предаёт, но действует на нервы.**

«Счастье – это просто хорошее здоровье и
плохая память.»
Эрнест Хемингуэи

Желаю счастливого пути по жизни.

Три истины:

Царство духа

– Брат, послушай меня, – сказал он.
Есть три абсолютные истины, которые никогда не исчезнут. Однако, если их не высказать вслух, они могут погрузиться в молчание.

1. Человеческая душа бессмертна. Её будущее – в сущности, чьё развитие и величие не знают границ.

2. Первейший жизненный принцип живёт внутри нас и снаружи. Он непреходящ и от него исходит вечное благословение. Он может не восприниматься нашими чувствами, но каждый ищущий знаний человек, поймёт его.

3. Каждый сам определяет свою судьбу, счастье или горе. Каждый сам судья своей жизни, сам себя вознаграждает или наказывает.

Эти истины велики настолько, насколько велика сама жизнь, и вместе с тем просты, как самая скромная человеческая душа.

Корми голодных этими истинами.

Карма / реинкарнация

Таковы медиальные сообщения из царства духа. Ошибочно не признавать то, что не можешь постичь. Можно отрицать существование Бога и его помощника, но доказать это нельзя.

◆ **Чем позже ты придёшь к пониманию,**
   тем дальше на корме парусника тебя занесёт в море,
   тем больше тебе вновь придётся отыгрываться.

◆ **Никто не должен по привычке постоянно, слишком**
   много есть плохое, пить плохое, плохо думать,
   говорить и делать.

◆ **То, что я делаю или не делаю, не освобождает других**
   от их ответственности.
   То, что делают или не делают другие, не освобождает
   от моей ответственности меня.

◆ **Я составляю одно целое с основой всего сущего. Мы**
   составляем одно целое с основой всего сущего.

Эти выделенные курсивом фразы теснились в моём сознании до, во время и после моего паломничества, моего прохождения Пути Святого Иакова. Желаю счастливого пути по жизни.

«Золотое правило», Regula Aurea:
Не причиняй другим то, что не хочешь, чтобы причинили тебе!

Это легче сказать, чем сделать! Лучше всего усвоить это пораньше. Дружелюбие прокладывает некоторым дорогу и является защитой от агрессии. И оно заразительно. Да, но кто с него начинает? Могу вас уверить, что это действует во многих, очень многих ситуациях. Какая-то невидимая сила поднимает опущенные уголки рта вверх, и это заслуживает похвалы. И так – изо дня в день. Я же знаю, такое приятно каждому из нас. Ведь так много людей хочет, чтобы, как в фильме, так и в собственной жизни, победило добро. А когда душа расцветает, то расцветает и радость, которая приводит в движение самое лучшее в нас. Все хотят быть счастливыми, и это «быть счастливым» иногда бывает вполне осознанным решением. И успеха тоже все хотят. Хотят добиться того, что хотят иметь. Счастье и удачу не купить на каком-нибудь прилавке. Для этого каждый должен постараться сам. Я встречал очень много людей из так называемых бедных стран, которые были просто абсолютно счастливы тем, что имели или не имели. Они дорожили принадлежащими их жизни маленькими вещами, а ещё больше самой жизнью. Нам не стоит всегда всё мерить нашими западными критериями. Теперь я передаю слово Иммануилу Канту. Категорический императив.

«Действуй таким образом, чтобы максима твоей воли могла в любой момент рассматриваться как принцип общего законодательства.»

Вооружившись таким образом, мы можем ещё раз немного глубже проникнуть внутрь кармы и реинкарнации. В какой момент люди совершили ошибку? Не могу сказать точно. Сообщения из «царства духа» указывают на то, что в нём очень-очень давно, если вообще можно говорить о времени, шла борьба за власть. В таком случае, то были часы зарождения зла. Однако Бог не отказался от отступников. Стало быть, мы, люди, – падшие ангелы, которые могут и должны вернуться к работе, а это значит, – религия, связь, назад в единство. Но этот обратный путь для многих будет таким хаотичным, таким горестным, что никому такое, видимо, и не снилось. Порой я спрашиваю себя, неужели это нельзя уладить как-то иначе. Только и это тоже не многое бы мне объяснило и помогло. Дело в том, что здесь, на Земле, противодействуют невидимые и видимые гигантские силы, и мы, люди, призваны их преодолевать.

Едва победишь одну болезнь, – в другом месте появляется следующая. Едва закончится одна война, – где-то начинается другая. Едва ляжешь погреться на солнышке, – тебя ужалит какая-нибудь назойливая мошка. Даже если всё это имеет какой-то смысл, я хорошо понимаю, что люди из-за этих вещей бранятся с Господом. Однако при этом не решается ни одна проблема. И справиться с ситуацией человек может только благодаря закулисным знаниям.

◆ **Решай проблему таким образом, чтобы из неё не возникла другая.**

Всё, что мы себе представляем, может быть верным или неверным. Решаясь на истинное, можно точно так же промахнуться, как и решаясь на ошибочное. Нам, чтобы найти свой путь, сориентироваться в мире, всегда требуется некая точка отсчёта, которую мы сами, а также под влиянием других для себя устанавливаем. После точки отсчёта развивается точка зрения и она часто всячески защищается, даже если она неверная. Неверная? При всех разнообразных отправных точках и точках зрения мирная совместная жизнь – дело трудное. В сущности, громкие призывы к толерантности только демонстрируют человеческую беспомощность и не содержат в себе никакого настоящего решения проблемы. Терпимость по отношению к нетерпимости может ведь привести к ещё большему хаосу. А как насчёт всё же большей взаимной предусмотрительности и уважения? И какова цена конфликта, в котором обе стороны обмениваются только субъективными суждениями? Вот именно, что никакая! Итак, если те, кто постоянно призывает к терпимости, с самого начала будут более внимательными и уважительными, тогда тем, кто всегда должен что-то терпеть против своей воли, автоматически потребуется меньше терпимости.

В общем, теперь, пожалуйста, существенно больше внимания и предусмотрительности!

В конечном счёте каждый делает это и для себя тоже. Люди должны справиться, совладать со своей агрессивностью, которая может пригодиться, когда будет им подконтрольна. Потеря контроля ведёт к избыточным действиям со всеми негативными последствиями для всех участвующих. В большинстве случаев агрессор тоже знает, что он причинил кому-то зло. Почти каждый из нас может сказать: «Есть люди, сделавшие мне добро. Есть и другие».

◈ **Уж сколько мы себе же причинили бед!**
 Всё это – много хуже, чем просто чистый бред.

«Кармический совет духовного мира» в любое время знает о нас всё, что мы сделали или не сделали, знает обо всём, что касается каждого человека. И каждый ответствен за им содеянное или не содеянное. Так, как это описано в «Трёх истинах». Последствия соответственно могут быть суровыми, но всегда справедливыми.

◈ **Учиться, очищаться**
 И не слишком возмущаться!

❖ **Истинная любовь не требует, не ревнует, не ненавидит.**

Излучая себя, она становится всё сильнее.

Так, теперь направимся к следующему неправильному повороту:

удаление из Святого писания в 553 году н.э. принципа реинкарнации было, конечно, серьёзной ошибкой. Даже если злые силы сделали это возможным, почему позже, после смуты тех далёких времён, её не исправили? Люди в их так необходимом развитии могли бы продвинуться намного дальше, и смута нынешнего времени была бы уже частично распутана. Там, где одна сила крепнет, там другая автоматически слабеет. Собственно говоря, понятно, что ложь об одной единственной жизни была очень кстати для многих алчных, стремящихся к власти церковных лидеров. Они все жаждали власти с целью собственного господства. Их богатство, равно как и их власть, было козырем. И как это выглядит сегодня? Таким образом, когда-то реинкарнация, то есть, – возрождение с сиянием благодатных последствий, в дальнейшем – господство догмы проклятия. С этого времени каждый человек имел в своём распоряжении только одну жизнь, которая позднее поможет ему достичь благодати. Однако этот путь прошёл через акт искупления Иисуса Христа. И тут у церкви полная монополия. Она была единственным посредником между ним и людьми. В средние века цену за блаженство или отпущение грехов определяла католическая церковь. О, что за сытный бизнес! Таким образом церковные лидеры стали виновными перед человечеством. И с тяжкими последствиями. Молиться ногами на Пути Святого Иакова несравненно честнее и предпочтительнее любой догмы. Путь Святого Иакова – для всех, кто готов его пройти по каким угодно причинам. Когда мы поймём, что всегда являемся авторами своей биографии, – мы сможем считать себя счастливыми. Тогда мы станем на Путь Святого Иакова, который приведёт нас к истинному постижению жизни. Свалить причину жизненных трудностей, дабы завуалировать свои неудачи, на действия непостижимой судьбы, – это слишком просто, это самообман. Ибо всё всегда приходит к нам как судьба, и она зависит от того, что мы в качестве основы заложили либо в нашу нынешнюю жизнь, либо в более раннем нашем воплощении. И это всё вновь и вновь заставляет нас быть самостоятельными. О, как я это приветствую!

Сие понимание предлагает сейчас же, а не когда-нибудь потом, начать посев семян для богатого урожая. С таким намерением линия нашей судьбы сразу изменится к лучшему. Поэтому давайте уже сегодня, чтобы потом не жаловаться, правильно мысля и действуя, побеспокоимся о будущем Пусть благоразумные размножаются и оказывают положительное влияние на безрассудных. Снова и снова! Но есть не только строптивые безрассудные, но и те, у кого в их ежедневной борьбе не осталось энергии, чтобы осилить пирамиду потребностей по Маслоу. Ответственные представители всех стран должны были бы наконец выполнить доброе дело. Только захват власти и толкание самовосхваляющих речей, – недостаточно! Итак, на Пути Святого Иакова приходят хорошие мысли. Но об этом – в другой раз.

Жизнь, которая по сей день изобилует несправедливостью, становится тяжелой борьбой за существование только из-за вмешательства в природу некоторых земных обитателей. Посредством внедрения систем ради систем, которые безжалостно преследовались и преследуются. Глобальной коррупции, препятствующей улучшению жизни, давно уже не должно быть. И вот что сказал немецкий философ А. Поппер:

«Пусть умирают системы, а не люди.»

Как человек должен заниматься своей самореализацией, если у него постоянно бурчит внизу живота? Чтобы покороче это выразить. Кому нравится, тот обращается к пирамиде Маслоу.

Самый сильный стимул – порой непривлекателен, но всё дело в повторении.

Разнообразные возможности потребления рождают необходимость преступных действий. Их тоже ожидают последствия. При большей справедливости, было бы меньше преступлений и, таким образом, меньше последствий. И стало быть, что нам необходимо? Новая система! Однако нельзя пугать систему, не имея лучшей. Отчего же, у меня есть!

«Естественный экономический порядок» по Сильвио Гезеллю. Просветитесь! Или у вас есть другая идея? В любом случае, ради самих же себя нам нужна система, которая каждому человеку на Земле помогла бы стать лучше с точки зрения созидания. Люди причастны к творческому процессу и призваны превратить здешний хаос в гармоничное сосуществование живых организмов.

Карма делится на три аспекта:

a) **Предродовая карма** – ещё не оказывающая воздействия.
b) **Урожайная карма** – влияющая в настоящее время.
c) **Семена кармы** – зарождающаяся карма, вновь образовавшаяся судьба, являющаяся результатом теперешнего мышления и поступков.

Последствия возможны только в будущем. Будь то в течение нынешней жизни, либо в других сферах, либо на новой земной орбите. Как только можно радоваться, сознательно нанося вред другим людям? С этим надо заканчивать! Короче говоря, кто не соблюдает правил, того ожидают последствия. Как «внизу», так и «наверху». Наряду с личной кармой действует также семейная, родовая, расовая, карма народа и всего человечества, если о человечестве вообще можно говорить. Такого рода кармические группы складываются из общей судьбы, связывающей нас с соответствующими людьми. Так что личная карма никогда не должна рассматриваться отдельно. В окружающей нас среде часто встречаются люди, которые, не зная этого, становятся пособниками зла. Они вредят и себе, и другим. Ни один смертный не приходит в этот мир святым. И каждый должен признаться в том, что человек имеет право быть несовершенным. Но тогда каждый из нас, неся ответственность за свои действия или не-действия, должен ждать последствий. Что посеешь, то и пожнёшь.

Промежуток между двумя инкарнациями зависит от индивидуальных потребностей. Существует принудительная инкарнация, но также есть и добровольные инкарнации с разными заданиями и по разным мотивам из разных сфер. И нам не следует забывать, что существуют жизненные ценности, которые каждый с удовольствием принимает. Так что, налетайте!

Недостаток воспоминаний о прошлой жизни – преднамеренный. Душа должна беречь себя от возможных дурных воспоминаний и быть готовой к лучшим воздействиям. У каждого человека есть свой покровитель, и было бы хорошо, если бы каждый живущий на Земле прислушивался к нему. Это происходит посредством внутреннего голоса – интуиции. Есть ведь что-то такое! Наверное, тому или иному потребуется тренировка, но потом начнётся новая жизнь. Загляните ещё раз в «Медитацию».

С нашим существованием нам надлежит точно так мириться, как и с законами природы, в которую мы встроены. Мудрецы всех времён, открывая перед людьми смысл и цель жизни, указывали им на пути к достойным человека условиям существования на этой планете.

«Но дураки всех времён, в подавляющем
большинстве, всегда делали обратное.»

А. Шопенгауэр

Мало кому из наших соплеменников известна убедительная причина того, зачем они вообще пришли в этот мир (за исключением указания на продолжение рода). И хотя в часы раздумий, которые с каждым случаются, нас охватывает более или менее ясное ощущение того, что жизнь должна быть лучше, чем стрессовое существование ради жизни, всё же она должна протекать в мирном, цивилизованном человечестве. Чтобы где-нибудь всё же могли существовать те «благословенные сферы», и чтобы к ним могли вести дороги. Такие дороги есть. Пусть каждый выбирает и шагает по той, которая подходит ему.

◆ **Жизнь – это больше, чем просто обмен веществ и способность двигаться.**

Иногда я от людей слышу, что в жизни нет никакого смысла. Ну что ж, существуют различные взгляды, и кто-то хочет другому доказать, что правильной является его точка зрения. Человека можно найти только там, где он находится. Тут важно ответить на два вопроса: возникла ли жизнь сама по себе или же её создали, и если да, то кто? Многие люди охотнее верят в Деда мороза, чем в создателя. Это кажется мне странным. Я тоже временами испытываю сомнения. Большей частью от ужасных сообщений, который доходят до меня извне.

Хочу здесь повторить:
Аккумуляция (способность души вспоминать)

◆ **В конце концов и я творение Творца.**
И всё же я питаю подозрение
и часто голову ломаю,
как он такое сотворил.
И чую сердцем то,
что разум не осилит.
А после снова мысли в путь пускаю...
До самого до озаренья.

Благодаря моим контактам с «духовным миром» я никогда подолгу не остаюсь в потёмках. Я чувствую тогда силу, основанную на моих знаниях и опыте, касающегося медиальных сообщений и духовного исцеления. Здесь уместно упомянуть работы исследовательницы смерти доктора медицинских наук Кюблер-Росс.

◆ **Чтобы распознать добро, – необходимо зло.**
  А чтобы избавиться от зла, – необходимо добро.

И в конечном счёте, по Божьему плану, всё будет в белом свете. Вселенная наполнена различными живыми сущностями.

«Бог спит в камне, дышит в растениях, мечтает в животных и пробуждается в людях»
из Индии

И ещё раз: Бог – не бородатый старик. Бог – невидимая для нас «единица измерения». Ведь мы и на солнце, хотя оно существует, не можем смотреть. А Бог – это больше нежели солнце. Его энергия – во всём сущем. А затем посмотрим, встретимся ли мы в Создателе, как встретимся и когда. Нам принадлежит время всей Вселенной. Религия – назад к единству. Заходи, иди и делай что-то!!

Все уже заложенные во Вселенной возможности ждут, чтобы их распознали и оживили. Духу необходима жизнь. Ибо если бы дух мог всё знать, обозревать и видеть насквозь, всё-таки он был бы ограничен – он ничего не знал бы о жизни. Что-нибудь о ней узнать он может, находясь посреди жизни. Духовное – это некое жизненное проявление телесного, а телесное – это область действия духовного. Дух может жить без тела, но наоборот – никак. Я благодарю моего ангела-хранителя и моих друзей из божественных сфер.

Питание в соответствии с законами природы

Прежде всего:

Вы не можете укрепить слабых путем ослабления сильных.

Вы не можете поднять заработную плату работника, понизив доход плательщика.

Вы не можете добиться процветания, препятствуя бережливости.

Вы не можете, разжигая классовую ненависть, воспитать братство среди людей.

Вы не можете помочь бедным, уничтожая богатых.
Вы не можете воспитать характер и мужество, лишая людей инициативы и самостоятельности.

Вы не можете помочь людям, постоянно делая за них то, что они могут и должны сделать для себя сами.

Авраам Линкольн

Итак:

Контролируемая помощь самому себе – гуманная помощь. Это, безусловно, противостоит коррупции или попросту препятствует её возникновению. Поскольку просто посылать деньги на еду и питьё, дабы успокоить свою совесть, – это мелко. Слишком мелко! Коррупция является проблемой не только развивающихся стран. И в других странах, чтобы они вновь и вновь попадали в зависимость, экономика запутана. Как же цинично, что многие такое проделывают с людьми. Им нужно не подаяние, а удочка и инструкция для рыболовства. Пожертвования и подаяния – это постоянное унижение, оскорбление для большого количества людей. Всегда бывают исключения, воспринимаемые не так, но они не должны становиться критерием.

И тем не менее:

Знающим людям стоило бы свои знания по-доброму внятно и понятно передавать другим. Каждый несёт ответственность за себе и за других.

Не вреди никому, в том числе и себе.

Никто не должен по привычке слишком много долго есть, пить, думать, говорить и действовать.

Да, тогда бы во всём мире был порядок. Разве не так?

«Питание в жизни – не самое главное, но оно является почвой, на которой самое главное может либо расцвести, либо погибнуть.»

(диетолог д-р Бирхер Беннер)

**Мы должны есть, чтобы жить, а не наоборот.
Мы должны есть не только то, что поддерживает нашу жизнь.
Мы должны есть то, что поддерживает наше здоровье.**

Это вовсе не так сложно, если только не приучать себя и других к вредным, укорачивающим жизнь привычкам, которые со временем укореняются в нашем организме. Привычки и пагубные влечения не падают просто так с неба, они внедряются силой. И зачастую тяжёлые проблемы в семью приносят именно близкие люди. Естественно, всегда из лучших побуждений, однако, причиняя вред.

И доктор Брукер и стоматолог Шнинцер были в этом единомышленниками. Они снова и сновала ратовали за здоровье взрослых и детей. В конце концов нужно не забывать о последствиях. У кого-то распадается старая карма, а у кого-то создаётся новая. И цепочка причинно-следственных связей вращается дальше. Больше об этом – немного дальше.

«Однажды принцип жизни будет признан как часть или следствие общего закона.»
Чарльз Дарвин

Порядок питания на примере рисового зерна:

Голландский врач Христиан Эйхман на острове Ява пытался узнать секрет болезни Бери-Бери. Он предполагал, что внутри рисового зерна содержится какой-то яд, который обезвреживатся за счёт противоядия, находящегося в рисовых отрубях. Эта точка зрения не была такой уж ошибочной. И хотя яд был не в самом рисовом зерне, он из углеводов риса формировался в организме. И если его не ликвидировать с помощью витамина В1, то он окажет на организм пагубное действие. Сейчас для поддержания правильного обмена веществ и, следовательно, упорядоченной, продолжительной здоровой жизни – этого уже недостаточно.

Витамина В1 известен как средство, способствующее хорошему обмену веществ и спокойствию нервной системы.

Нехватка витамина В1 чревата серьёзными физическими расстройствами.

От Бери-Бери умерло много, очень много людей. И только в силу своей неосведомлённости.

Признав метаболизм важнейшим жизненным процессом, благодаря которому организм не поддаётся распаду, становится ясно, что здоровье – это нечто текущее, динамичное, нечто постоянно обновляющееся. Поэтому следует различать, достаточно ли того, что метаболизм поставляет нашему телу для поддержания жизни или способствует совершенному, стабильному здоровью. Организм располагает большими резервами, чтобы компенсировать временную нехватку продовольствия. Он также снабжён амортизатором для отвода ударов по состоянию равновесия, называемого нами здоровьем. Но эти возможности ограничены.

Надо учесть, что в большинстве случаем съедаемое людьми им не нужно. А то немногое, что необходимо, они едят редко. Из-за постоянного отсутствия жизненно важных веществ вместе с сопутствующим этому ацидозом иммунная система и система основного регулирования настолько ослабевают, что в организме появляются все возможные заболевания.

.

◆ **Чем одна сила крепче, тем другая слабее.**

Еда также не должна быть ни чем-то вроде времяпрепровождения, ни эрзацем других удовольствий. Понятно! Пища немного поддерживает желудок. Но надо быть осторожным!

◆ **Здоровье – это динамический процесс между атакой и обороной.**
   Ослабьте атаку и усильте оборону!

Например, за счёт полноценного питания, подвижности, спорта.

Собственно говоря, путей к крепкому здоровью – огромное множество. Нужно только быть последовательным, не бичуя и не идеализируя себя. Пища может быть очень полезной и очень вкусной. Всё проверяется на практике.

Наша медицинская система могла бы быть совсем другой. Это точно огорчило бы фармацевтическую промышленность с её миллиардным доходом и прилагаемой командой клинических больных. Ведь со здоровых-то денежек не сдерёшь. Само собой разумеется, что в любом случае нам необходимы медики. Несчастные случаи я не считаю болезнью. Предстоит ещё многое сделать, многих спасти. Но если мы отбросим заболевания, связанные с питанием, а также болезни, вызванные неправильным образом жизни, то тогда у людей бы уменьшились боли и страдания, а взносы на медицинское страхование могли бы стать гораздо умереннее.

Если подумать, сколь полноценного здорового времени жизни растрачено на болезни! В этом обществе болезнь и болезненное состояние вполне узаконены. Закон толпы. Ведь в конечном счёте этим зарабатывается уйма денег, а также престиж. Не все получают то, что они зарабатывают. Однако, кого это заботит?

Это очень важно, потому что совсем просто:

«Пусть по возможности пища будет натуральной.»
д-р Коллат

При этом преимущество – как на ладони: покупка становится проще и легче, потому что не приходится расшифровывать список ингредиентов. И если, совершая покупки, мы обращаем внимание на то, что биологически контролируемые продукты прибывают из соответствующих регионов, тогда крепнет и уверенность относительно их опрыскивания. Не думаю, что мы можем снизить содержимое ядов в окружающей нас среде до нуля, но мы можем резко их ограничить.

Нам вовсе не обязательно досконально знать, какие витамины, минералы и микроэлементы содержатся в овощах и фруктах и ждут пока их съедят и усвоят. Я уверен, что есть вещества, которые, ещё предстоит открыть, и кроме того, должны ведь вставить своё словечко согласованные действия жизненно важных элементов. Всё вместе, скажу я вам, всё-таки больше, чем сумма всех частиц!

Если мы позволим продуктам быть просто продуктами, то с универсальной точки зрения, не наделаем множество ошибок. Живительность пищи легко проверяется её способностью к прорастанию. Если ты не можешь вырастить росток, то это значит, что зерно или бобы с химической точки зрения все еще остаются тем, что они есть, но их жизненная энергия уже исчезла. Её можно измерить или всё же нет.

Физик Ф. А. Попп со своим коллективом разработал электронный оптический усилитель, настроенный настолько точно, чтобы сделать свет – жизненную энергию – видимой. Да, мы – существа света среди существ света. И хотя свет, содержащийся в продуктах питания и нашем теле испускает очень слабое излучение (поговаривают и об ультра-слабой люминесценции), это играет невероятно важную роль. Эта новая форма измерения приводит к новой оценке качества продуктов питания.

Жизненная энергия и, следовательно, организующие силы организма разрушаются за счёт таких враждебных явлений как радиация, загазованность, жара. Даже физическая травма растения, вызванная, например, силовым вмешательством, приводит к смерти. В виде своего рода агонии свет появляется ещё раз, затем всё слабеет, слабеет, чтобы примерно через 24 часа погаснуть. Потом растение ещё долгое время внешне и изнутри остаётся растением, но в нём уже нет света.

И всё же человек может выжить. Прозорливый и дальновидный Создатель дал возможность световым квантам – фотонам – через кожу, а так же через глаза и нос проникать в нашу систему кровообращения. Профессор Попп называет действующие в организме фотоны «Био-сами». Само собой разумеется, что большую долю излучения мы поглощаем за счёт свежих продуктов. Не забывайте, что способный к амортизации организм перехватывает удары, но его возможности не бесконечны.

Кто хотел бы об этом узнать побольше, обратитесь к физику Поппу и к биофизику Гурвичу. Насколько мне известно, в нас не протекает процесс фотосинтеза, но нашему организму в качестве энергетических гормонов мозга необходимы эти крошечные фотоны. Так что, справедливости ради, можно сказать, что фраза Гиппократа: *«Ваши продукты питания должны быть вашим лекарством, и вашим лекарством должны быть ваши продукты питания»* – верна. В ней много правды.

И снова о жизненной энергии. Одно выразительное представление:

Положи в землю горсть всхожих зёрен, полей их и жди. Спустя определённое время почва на этом месте приподнимется, и навстречу солнцу распустится новая жизнь растения, которое будет развиваться пока не дорастёт до крепкого стебля с могучим колосом. Мы видим, что работает фотосинтез. Теперь возьмём горсть слабо радиоактивно облученных зерен, поместим их в грунт, польём и будем ждать. Ни матушка-земля, ни солнце не могут больше помочь оживить их. И что произойдёт через некоторое время? На почве появится какая-то вмятина, лощинка. Зёрна, лишённые какой-либо жизненной энергии, разложились и создали место для чего-то другого. Насколько сильна может быть жизненная энергии, мы, собственно говоря, видим, разглядывая вросшие в скалы корни. Да, без жизненной энергии – всё бессильно. Таким образом, получается исчезновение во имя нового становления. Вернёмся к нашей пище:

Вы можете есть, что хотите, но только помните о том, «что доза делает лекарство ядом, а яд – лекарством». Едва ли существует что-то приносящее вред, если съесть его самую малость.

Основной биологический закон
(правило Арндта Шульца)

Маленькие соблазны возбуждают жизненные силы.
Средние соблазны поддерживают их.
Сильные соблазны тормозят их.
Самые сильные – гасят.

Этот биологический закон – «био» и «логический». Не стоит упускать это из виду.

Юстус фон Либих тоже, зная, что чем меньше, – тем лучше, советовал фермерам удобрять почву не обильно, а методично и только в необходимых пропорциях. И снижая затраты, фермеры в тоже самое время получали более высокие урожаи.

Вообще-то, мяса на столе быть не должно. А если да, то совсем немного. Скорее, время от времени, – свежая рыба, пойманная в открытых, чистых водоёмах. Человек находится под воздействием того, что он съел, 24 часа. Я хотел бы здесь ещё раз повторить:

❖ **По возможности поменьше меняйте продукты питания. Лучше всего, – вообще не меняйте. Ешьте только то, что переносит ваш организм.**

«Прислушайся к своему телу.
Оно умнее, чем ты думаешь»
Финляндия

184

Каждое утро, выпивая стакан тёплой воды, мы самым простым и естественным образом очищаем и дезинфицируем наш организм. Такой же простой может быть и наука о питании. И, как часто случается в нашей жизни, – нет правил без исключений, которые подтверждают правила. Вы наверняка уже догадались. Продукты, изменённые путём окисления или за счёт микроорганизмов, несут в себе жизнь, и если они вам нравятся и вы хорошо их усваиваете, то ешьте на здоровье.

Приятного аппетита!

Ах да, ещё что-то очень важное! Сбалансированное, здоровое питание сочетается со сбалансированно-подвижным образом жизни. Самое здоровое питание, если оно в избытке, и если не хватает соответствующего движения, не способствует здоровью. То, что я или другие делаю\т или не делаю\т, не освобождает меня или других от личной или вообще ответственности.

И ещё – тело также запоминает самую большую бессмыслицу.

В общем-то, осторожность нужна уже в детские годы, и ответственность за это ложится на родителей. Сладости, хоть и очень вкусные, но от них – множество заболеваний, а следовательно и страданий многих людей. Сахар – вредное вещество. Это утверждал и доказал перед судом д-р Брукер. Сахарная промышленность за его убеждения очень часто предъявляла ему иск, и он выигрывал каждый процесс. Очищенный сахар благодаря обмену веществ в первую очередь вреден тем, что он не приносит, а лишает организм полезных веществ. Прежде всего, витамина В1 – известного как метаболический витамин, и важного для костей и зубов кальция. Этими жизненно важными веществами организм должен снабжаться соответствующими продуктами питания.

Внимание!
Сахарная индустрия и мука высшего сорта являются грабителями жизненно важных веществ. Но с ними так вкусно!!!!! Да-да, это мы уже знаем! Сначала человек сам себе насаждает привычку, и в какой-то момент привычки определяют курс. Короче говоря, будьте осторожнее со сладкими воспоминаниями. Каждая дырка в зубе ребёнка – это тёмное пятно на душе матери или отца.

◈ **Привычке без разницы, что она причиняет живому существу.**

◈ **Истине тоже без разницы, как и когда ты её познаешь. И познаешь ли вообще.**

Хотел бы ещё кое-что важное отметить в связи с потреблением мяса:
Почти каждый из нас считает себя другом животных. Но чего же мы ждём от какой-то любви, ограниченной

только кошками или собаками? Животные – наши братья меньшие!

Животноводство, то есть, содержание большого количества животных в тесных помещениях, представляет собой в настоящей время общепринятую практику серьёзного травмирования братьев меньших, потому что это содержание выполняется без учета биологических потребностей вида животных. Вопрос не в том, умеют ли животные писать, читать и считать, а в том, способны ли они страдать? Способны!

Это знает каждый. Массовое животноводство находится в причинной связи с нашим потребительством, в частности с постоянным спросом на большие и дешевые объёмы мяса. Это также является результатом аграрной политики. Мы знаем, что необходимые изменения в содержании животных не могут быть установлены только в сельскохозяйственных предприятиях, которые находятся в нашей области, а повсеместно. Изменения в непотребном содержании животных и их транспортировке, вплоть до скотобойни, – значительно бы увеличило цену. Впрочем, всегда найдётся кто-то другой, которые их уничтожит. Да, об этом часто можно услышать.

Таким образом, обвинение в невыносимых условиях становится требованием к нам и нашему образу жизни, а точнее, – насколько мы сами готовы снизить потребление мяса или отказаться от него, чтобы уменьшить или совсем прекратить насилие над животными. Требование резкого, основательного снижения потребления мясных продуктов – это вопрос стиля нашей жизни. Люди не должны пожирать всё в больших количествах. Меньшее на самом деле может оказаться бОльшим.

◆ **Если в малом смысла больше, чем в большом,**
ты начни попроще жить и рот прикрой!

◆ **Обжорство мясом – твой порок!**
Он портит жизнь тебе, дружок.
Но если б только бы тебе...
Он портит жизнь тебе и мне.

Глобальный голод можно было бы мгновенно остановить, не скармливай мы скоту большого количества растительных продуктов. Их достаточно, чтобы накормить всё население Земного шара. И это, ради получения максимально возможной прибыли, может стать поводом для спекуляции, несмотря на то, что совсем рядом тысячи людей не знают, как им от голода заснуть или вообще умирают от голода. Порой мне для всего этого не хватает слов. Если задуматься, как часто те, кто (не) несёт за это ответственность, злоупотребляют термином «человечность»?

А ещё совершенно неприемлемо, что миллионы тонн продуктов неосмотрительно попадают в контейнеры для отходов. Да, дорогой читатель, существует ещё жизнь, что перед тарелкой. И если уж так необходимо мясо, то ответственные люди должны ценить жизнь животных. Таким образом, должна быть не свинская жизнь, а достойная жизнь свиней. Это относится ко всем промысловым животным. Промысловым? Что за отвратительное, высокомерное слово! В любом случае, у наших братья меньшие, вне зависимости от их практической стоимости, есть в этом мире собственное значение и собственная ценность.

Я имею в виду всех братьев меньших! Тюленей, дельфинов, китов, слонов, носорогов, ну всех-всех животных, которых по старой традиции, по ошибке варварски преследуют и уничтожают.

И с позиции Творца все религии мира призваны вступаться за братьев меньших.

◆ **Подчинить себе землю – не означает, впав в безумие, её разрушить.**

Венец творения?
Особое положение человека среди окружающего его мира включает в себя задачу особенным образом относиться к своей ответственности. Только человеку дано познать последствия своих действий по отношению к собратьям и братьям меньшим, и сделать из этого выводы. Поэтому только человек и виновен в сотворённом.

Бессмысленно-жестокое обхождение с животными – бесчеловечно. Есть основания опасаться, что бездумность и жестокость по отношению к животным проявится и по отношению к своим ближним. И как же можно по сей день рассматривать мир таким образом??? Думаю, к этому нечего добавить.

◆ **Человеку всегда аукается то, как он обращается с другими живыми существами.**

Теперь приступим к собственной основе: если постоянно вести себя противоестественно, – природа отомстит за многое. В исследовательской работе профессора медицины Лотара Вендта имеется информация об опасности «белковой массы». Я перечислю некоторые болезни, связанные с накоплением белка: инфаркт сердца, инсульт, нарушение кровоснабжения, артеросклероз, ревматизм, подагра, высокое давление, аллергия и ещё некоторые. По-моему, достаточно! Кто хотел бы узнать больше, пусть прочтёт книгу профессора медицины Лотара Вендта «Стать здоровым, аннулировав излишек белка». Это стоит сделать.

Опасности, связанные с потреблением свинины, очень хорошо осветил д-р медицинских наук Рекевег.

Существует много причин для резкого сокращения потребления мясных продуктов, чтобы одновременно парализовать мучительное содержание животных. Колбаса – это тоже мясо. Неужели действительно так важно, учитывая страдания животных и поставленное на кон собственное здоровье, три раза в деть есть мясо? И так каждый день!

Из этических соображений, и помня о здоровье, я говорю «НЕТ!»

А что говорят другие?

«Самое большое сумасбродство – это пожертвовать своим здоровьем ради какого-то мимолётного удовольствия.»
Артур Шопенгауэр

«Животные, как люди, чувствуют радость и боль, счастье и несчастье. Они подвержены тем же эмоциям, что и мы»
Чарльз Дарвин

«По-настоящему человека человеком делает его сострадание ко всем живым существам»
Альберт Швейцер

«Чего ждём мы от религии, если в нас нет жалости к животным.»
Рихард Вагнер

«Человеческие беды будут длиться столько,
сколько будет взывать к небесам печаль
животных.»
Манфред Кибер

«Мы являемся долгожданным посредником между
животным и поистине гуманным человеком.»
Конрад Лоренц

«Количество вегетарианцев, несомненно, сильно
бы увеличилось, если бы образованный человек
должен был сам убивать животных, которых он
употребляет в качестве пищи.»
Моргенштерн

«Замалчивание преступления, о котором вы знаете,
является, наверное, наиболее распространенным
видом соучастия.»
Макс Фриш

◈ **Даже если животные охотятся и едят животных, это**
не только не причина и не повод для людей делать с
ними то же самое, но это ещё намного, намного хуже.

Известное суждение о покорении земли и господстве
над животным миром (1. Моисей 1, 28), изначально под-
разумевая ограничения, не допускает безграничного
произвола, а также эксплуатации человека человеком.

Это указание на некие полномочия людей охранять и заботиться. Обращение с животными является мерилом человечности. Во внимании, лечении и в законодательстве по отношению к так называемым сельскохозяйственным животным в сравнении с домашними существуют большие противоречия. Отсутствие сопереживания и наличие жестокости перед лицом страданий других живых существ наносит ущерб самому человеку. На карту поставлена гуманность! Это же уму не постижимо, что повсюду делается с нашими братьями меньшими. Люди не должны допускать истязания животных!

Золотое правило гласит:

> *«Не причиняй никому того, что ты не хочешь,*
> *чтобы причинили тебе.»*

Это золотое правило имеет смысл только тогда, когда оно живёт и действует.

Альберт Швейцер, чьё напоминание о «благоговении перед жизнью» стало для многих целеполагающим, позднее признался:

> *«Мое существование тысячью способами*
> *конфликтует с другими. На меня налагается*
> *необходимость портить и разрушать жизнь.»*

В этом смысле отношение людей с животными тоже относятся к зоне конфликта, требующего этического осмысления. Наша цель – минимизация насилия. На масштаб насилия по отношению к животным влияем мы, люди. Давайте же начнём! Каждый на своём месте и в меру своих возможностей. Отчаянный вопль несчастных животных должен умолкнуть. Только лучше себя почувствовав, многие, соответственно, начнут совершать лучшие поступки.

Так, теперь – слово Иммануилу Канту:

> Решительный императив!
> *«Действуй таким образом, чтобы максима твоего*
> *волеизъявления одновременно могла слыть*
> *принципом общего законодательства.»*

Хороший поступок не отменяет множества плохих, но с ним становится легче жить. И кто знает, может быть, дальше последуют другие хорошие поступки. Кто знает?

> *«В жизни нет большей ошибки, чем*
> *ничегонеделание только потому, что ты способен*
> *лишь на малое.»*
> **Э. Берк**

◈ **Каждый день – по доброму делу!**

Кто знаком со следопытами, тому знаком и этот клич.

Мне тут ещё кое-что пришло в голову. Совсем коротко: Здоровая жизнь должна быть не дороже, она должна быть выгоднее. Тогда люди всё больше и больше будут покупать дешёвые и полезные продукты питания. Таким образом, в ход запускается спираль, ведущая к добру. Увеличивается потребление, взращивание, увеличиваются товарооборот и всеобщая прибыль. Тесная связь с жизнью. Всё «Bio». Разве не так?

Напоминание Шиллера:

> *«К целому вечно стремясь,*
> *ты не можешь быть целым;*
> *Но в бесконечной цепи*
> *будь хоть малейшим звеном.»*
> (перевод М. Л. Михайлова)

Каждому из вас также настоятельно советую Шиллеровскую «Песнь о колоколе». Меня неизменно удивляет и трогает, что он там сотворил.

Вспышка знаний и интернациональное разделение труда привели к тому, что почти никто уже не может стать цельным. И всё же отдельные, живущие на свободе и не теряющие самостоятельности личности могут срастись с гармоничным целым. Пожалуй, это также стремление к социальной эволюции. И почему человеку это даётся с большим трудом?

Труды антропологов Лайонеля Тайгера и Робина Фокса в книге «Приматы», говоря о многом, наводят на размышления.

Стоп! На Пути Святого Иакова мне всё-таки повстречались два цельных, ну, почти цельных экземпляра. Эти двое, живя на обочине цивилизации, рады их минимизированному существованию. И, естественно, они радуются каждому пилигриму, покупающему у них лёгкий напиток, чтобы выпить его под открытым небом. Кто хочет, разумеется, не рассчитывая на комфорт, может там и переночевать. Зато стоит насладиться окружающим тебя видом и покоем.

◆ **Если дворец и счастье – внутри тебя, тогда всё равно, в какой хибаре ты живёшь. Разве не так?**

◆ **Очень большое ИМЕТЬ-сознание и крайне мизерное БЫТЬ-сознание – всегда негативно для человека.**

В своей книге «Иметь или Быть» Эрих Фромм представляет способ существования людей имущих как зло для нынешней цивилизации, а просто существующих – как возможность не чуждой радости, наполненной жизни. С этой книгой в самом деле стоит познакомиться. Многим она и так уже известна. Ко мне в руки эта книга попала, когда я был подростком, а спустя время и иные обстоятельства я снова открыл её для себя.

◆ Пусть мир тебя всё меньше раздражает,

Верни свои претензии назад,

Шаг к счастью сделай, чтобы жизнь пошла на лад.

Если большинство людей станет на сторону имущих, судно-то накренится. А что происходит, когда и в кошельках разное содержимое? Различия покупательных возможностей порождают стресс, зависть, неприязнь и высокомерие. И значит, – напряжение и изоляцию между социальными группами. Следствием чего станут небольшие и большие преступления вплоть до воин. Человек, даже если это не всегда целесообразно, в любой ситуации стремится сделать себе лучше.

Ну что, с этого места я должен незаметно начать подбираться к концу. Ведь возникают всё новые и новые вопросы. До скорого...

◆ Человек думает, что ты человек.

Но человек – это же не название, это качество.

Пусть каждый сам реально себя оценит.

Ах да, нам всё же нужны люди, живущие на стороне «Быть». Надеюсь, что скоро мы сможем этот крен уравновесить или даже добиться ещё большего. Меньше иметь, зато больше быть. Возможно ли больше быть? Ну, конечно! Я сегодня же начну и когда-нибудь скажу:

◈ О, Время, ты ко мне благоволило,
   ты столько счастья мне дарило.
   И, истекая, всё равно –
   ты лучшее, что мне дано.

Когда много людей мало делают, то соответственно получается много. Но если много людей ничего не делают, то и получается ничего. Делать добро и поддерживать что-то стоящее, дабы приумножить хорошее, – это, в сущности, согласуется с человеческой натурой. Вот что могло бы стать драгоценнее помощи в сохранении жизни на этой планете?

Однако человеческой природе присуща также одна старая уловка: сильно беспокоиться о том, чтобы такое сделать, чтобы не делать то, что можно сделать. Как сейчас? Думать, обдумывать, вникать, предусматривать...

Всё, больше никаких уловок!

◈ Высоко в небо мемориал взывал,
   чтоб человек спросил, кто так страдал,
   что же случилось там, в том далеке?
   И как сегодня быть тебе и мне?

Вспомнилось одно стихотворение Гёте:

Находка

Я шёл по лесу,
Природы сын,
Люблю гулять я
Совсем один.

Цветочком в чаще
Я был прельщён,
Звездой иль оком
Казался он.

Сорвать хотел я,
Он - тайна тайн -
Просил: «Что ж губишь?-
Пожить мне дай!»

Его я вырыл,
Все корни спас,
И в сад у дома
Отнёс тотчас.

Он в тихом месте
С тех самых пор
Цветёт и ныне,
Прекрасный сорт.

(перевод Аллы Разживиной)

Итак, без всяких намерений Гёте выходит на прогулку, и неожиданно его внимание привлекает маленький цветок. Он чувствует в себе импульс сорвать его. Однако отдаёт себе отчёт, что, сделай он это, – цветок погибнет. Цветок для него настолько живой, что заговаривает с ним и предупреждает об опасности. Чтобы сохранить цветку жизнь, Гёте выкапывает его и пересаживает в другое место. Его любовь к жизни сильнее, чем чисто умственный интерес. Какое прекрасное стихотворение! Оно явно выражает основную точку зрения Гёте, касающуюся природных исследований. Его отношение к цветку ознаменовано чем-то в духе «Быть».

Об этом же высказывается и Эрих Фромм:

> *«Говоря «быть», я имею в виду некий способ существования, при котором у тебя ничего нет и ты ничего не хочешь иметь. Но ты наполнен радостью оттого, что продуктивно используешь свои способности и чувствуешь своё единство со всем миром.»*

Гёте – страстный поборник жизни – во многих своих стихах выступал за партию «Быть» и против партии «Иметь». Изобразив конфликт между ними в своей драме «Фауст», Гёте в образе Мефистофеля воплотил идею «Иметь».

Вот ещё одно небольшое его стихотворение, которое незатейливо характеризует идею «Быть»:

Собственность

Всё, что могу назвать своим –
лишь мысли, лёгкие как дым,
что из души струятся;
и каждый благосклонный взгляд
судьбы, которым я богат –
вот всё моё богатство.

(перевод Аркадия Равиковича)

Как это всё в соответствии с законами природы связано с питанием?
Это вам ещё предстоит узнать.

Дорогой паломник, дорогой читатель, наслаждайтесь жизнью и не забывайте разрушать плохую карму.

И вот ещё:

«Всё течёт, всё меняется»
Гераклит

«Ибо всю вселенную можно рассматривать как вещь определенной формы»
Эразм Дарвин

Многие явления в точности не доказаны, но разумно их предполагать.

Жизнь – больше чем обмен веществ и подвижность. Жизнь – это универсальный закон, и мы должны с ним жить.

И наперекор всему – желаю хорошо повеселиться!

♦ Люди охотно отражаются и в несчастье, и в согласии. Вот таков он – двойственный мир.

♦ Будь благодарен проигравшему, ибо без него тебе бы не улыбнулась твоя победа.

♦ Одни страдают от голода,
потому что другие лоботрясничают.

♦ О голоде:
тут ведётся борьба с тем, с чем не так уж важно бороться.

♦ Право:
Иметь право и получить право – две разные вещи.
Почти каждому знакома эта дурацкая несостыковка.
Здесь кроется какое-то противоречие.
При демократическом строе такого быть не должно.

♦ Когда родители ведут себя странно, подросток застревает в пубертатном возрасте.

♦ Даже благие намерения порой приводят к кровопролитию.

♦ Кто судорожно ищет ошибки у других, наверное, что-то находит.
Правда, они могут оказаться собственными.

♦ Некоторые люди отгораживаются до тех пор, пока реальность не разрушит их жизнь.

♦ В любом случае, проходя Путь Святого Иакова, мы сталкиваемся с множеством проблем.

♦ Процесс писания – всегда взгляд внутрь.
Некоторая обработка опыта.
Просмотр собственных стремлений.
Где в этом мире я нахожусь и куда хочу.
Таким образом, писание может стать целебным, поскольку, раскрываясь, мы познаём уже заложенные в нас противоречия.

♦ Писание как терапия:
Итак, почему бы просто не писать себе лично, и из внутреннего монолога посредством монитора вступить с собой в диалог. И, может быть, изменив свой собственный взгляд на людей и на мир, не требуя этого от других, суметь прийти к внутреннему согласию.

◆ Самокритика или нападки на других?

◆ Люди способны себя ликвидировать. А кто же ещё?

«Мы ищем правду, но найти её хотим только там, где нам нравится.»
Мария фон Эбнер-Эшенбах

«Среди людей значительно больше копий, чем оригиналов.»
Пикассо

«Почему мы должны ограничиваться тем, что мы копии, если Господь привёл нас в этот мир оригиналами?»
Билли Грэм

«Те, кто через заблуждения с боем пробивались к правде, – мудрецы. А погрязшие в ошибках – дураки.»
Ф. Рюккерт

«Самое надёжное богатство – это бедность потребностей.»
Франц Верфель

Конечно, твоё эго находится в поисках себя.
Не сосредотачивайтесь на своих разочарованиях,
а радуйтесь всему новому, что вас ждёт.
Когда-нибудь продолжим.... Пока!

СОДЕРЖАНИЕ

Примечания

Примечания